Thomas Butzlaff

Kunstgeschichte kreativ: Steinzeit bis Klassizismus

Handlungsorientierte Arbeitsmaterialien fürs Gymnasium

7.–10. Klasse

Persen
Persen Verlag

Der Autor

Thomas Butzlaff unterrichtet Kunst und Darstellendes Spiel an einer Gesamtschule.

Gedruckt auf umweltbewusst gefertigtem, chlorfrei gebleichtem und alterungsbeständigem Papier.

1. Auflage 2012

Illustrationen: Schülerarbeiten, © Aintschie – Fotolia.com (Coverfoto)
Satz: Satzpunkt Ursula Ewert GmbH, Bayreuth

ISBN 978-3-403-23218-6

www.persen.de

Inhalt

Vorwort

Die Grundidee dieses Buches besteht darin, bei jungen Menschen Interesse an ihren kulturellen, künstlerischen Wurzeln durch praktisches Tun zu wecken. Bilder zu betrachten ist gut, aber selbst etwas zu schaffen, ist noch besser. Wenn dafür etwas Wissen über die Werke vergangener Zeiten notwendig ist, macht es so mehr Freude, sich dieses anzueignen.

Die Texte in diesem Buch sind direkt für Schüler[1] geschrieben worden. Ich habe deshalb versucht, komplexe Zusammenhänge so einfach wie möglich auszudrücken. Die Kunst der Vorfahren soll für die Schüler eine Quelle der Inspiration für eigenes Tun sein. Es geht nicht um historisch genaues Nachbilden. Die kreative Energie, die Künstler erfahren, soll durch möglichst vielfältige Techniken und unterschiedliches, herausforderndes Material angeregt werden.

Der vorliegende erste Band beginnt mit der Steinzeit und endet mit dem Klassizismus. Er ist so konzipiert, dass es immer eine Kombination aus theoretischem Hintergrundwissen und praktischer Umsetzung für die Schüler gibt. Im jeweiligen Praxisteil liegen, wenn möglich, jeweils eine Aufgabe aus den Bereichen Architektur, Plastik und Bild vor. Die Materialien für die Architekturmodelle sind Holz, Karton und Papier. Im zweiten Bereich gibt es einige Vollplastiken und Reliefs. Wenn es technisch zu anspruchsvoll wurde, habe ich die Aufgaben auf zweidimensionale Entwürfe beschränkt. Die Techniken bei der Bildproduktion umfassen: Zeichnen, Schreiben, Malen, Drucken, Collagieren und Fotografieren. Alle Arbeiten sind schülererprobt. Manche, wie die Rokoko-Barbie, haben sich zum Renner entwickelt. Einige bieten sich eher für jüngere Schüler an, wie die römische Brücke. Die Herstellung der griechischen Tempel würde ich mit älteren Schülern durchführen.

Ich habe auf Altersangaben verzichtet, weil die Lerngruppen, je nachdem, welche Voraussetzungen die Schüler mitbringen, sehr variieren können. Jeder Fachkollege muss daher selbst entscheiden, was er wann machen will. Ein Gespräch mit dem jeweiligen Geschichtslehrer kann dabei helfen, weil man vielleicht fächerübergreifend arbeiten kann. Darüber hinaus kann jede Aufgabe von Fachkollegen, die Experten für ein Thema oder eine Technik sind, weiterentwickelt werden.

Der Theorieteil jeder Epoche beginnt mit der Beschreibung der jeweils herrschenden Kultur. Da die Zeitangaben in der Fachliteratur häufig variieren, sind sie hier mit „ca." angegeben. Anschließend folgt der künstlerisch-praktische Teil. Mir war beim Schreiben und Unterrichten wichtig, immer wieder auf Zusammenhänge hinzuweisen. Zahlen kann man nachschlagen, das Denken in Zusammenhängen muss angeregt werden. Wenn Menschen beispielsweise ums Überleben kämpfen müssen, weil die Wirtschaft am Boden liegt oder kein Friede herrscht, dann ist es mit der Kreativität so eine Sache. Die Kunstproduktion wird wahrscheinlich einbrechen. Das gilt auch, wenn die Freiheit im Denken eingeschränkt oder unterdrückt wird. Wenn jedoch die Bedingungen gut sind, gibt es kulturelle Hochphasen. Ältere Schüler kann man diskutieren lassen, wo wir heute stehen.

Methodisch wechseln Gruppen-, Partner- und Einzelarbeiten ab. Ein Tipp: Bei der Arbeit mit Kleingruppen lege ich zur weiteren Inspiration jeweils eine Mappe mit zusätzlichem Bildmaterial an. Grundsätzlich ist es sinnvoll, für die Epochen und Aufgaben zusätzliche Abbildungen für die Einführung im Unterricht zu sammeln. Die Abbildungen in diesem Buch sind aus praktischen Gründen begrenzt. Sie finden aber alle Abbildungen – und manche darüber hinaus – noch einmal in Farbe auf CD, sodass Sie sie ggf. auch an die Wand projizieren können. Darüber hinaus enthält die CD Unterrichtshinweise für Kollegen.

Eine Besonderheit dieses Bandes sind die beiden Kapitel zur jüdischen und islamischen Kunst und Kultur. Der Islam ist hier nicht als Ganzes beschrieben, sondern wird aus europäischer Perspektive gesehen. Auf die Atmosphäre in den Lerngruppen hat die Behandlung dieses Themas oft eine positive Auswirkung.

Als mir eines Tages ein Schüler die Frage nach der jüdischen Kunst stellte und ich kaum etwas antworten konnte, war die Erarbeitung des letzten

---

[1] Der Besseren Lesbarkeit halber schreiben wir hier in der verallgemeinernden Form. Selbstverständlich sind auch alle weiblichen Personen ausdrücklich gemeint.

und schwierigsten Kapitels notwendig geworden. Vielleicht ist es deshalb am längsten. Natürlich hat dies auch sachliche Gründe. Die jüdische Kultur fällt in diesem Band etwas heraus, weil sie den ganzen Zeitraum (von der Antike bis zur Neuzeit) umspannt, der hier behandelt wird. Um den Text nicht auseinanderzureißen, habe ich hier die Moderne, die eigentlich in den zweiten Band gehört, mit behandelt. Vielleicht wird auf diese Weise nicht nur bei mir eine Wissenslücke geschlossen.

Einige Kapitel sind formal ausführlicher als andere. Die Auswahl hat eher persönliche als sachliche Gründe. Die Römer sind wichtig, ich weiß. Aber die haben die Schüler im normalen Unterricht garantiert durchgenommen. Aber was ist mit den Griechen? Wie auch immer: Es ist jetzt genug „vorgewörtert". Ich hoffe, dass möglichst viele Vorschläge in der Schulpraxis ankommen werden, mit viel Vergnügen für Schüler und Lehrer!

Dieses Buch ist Herrn Ministerialrat a. D. H. S. Röger gewidmet.

Darüber hinaus bedanke ich mich bei allen Mitarbeitern, insbesondere bei Frau G. R. Rovner und Herrn V. Müller und allen beteiligten Schülerinnen und Schülern.

Thomas Butzlaff

Zeittafel

Altsteinzeit	Mittelsteinzeit	Jungsteinzeit
ca. 600 000 bis 10 000 v. Chr.	ca. 10 000 bis 5 000 v. Chr.	ca. 5000 bis 2000 v. Chr.

Die Kultur

Dieser Teil der Kunstgeschichte bezieht sich auf die **Steinzeit** in Europa. Sie soll nur verkürzt besprochen werden, um zu verstehen, wie das Leben vor den großen Hochkulturen war.

Zwischen 600 000 und 10 000 v. Chr. gab es vier Eiszeiten im nördlichen Teil unserer Erde. Diese Zeit nennt man **Altsteinzeit**. In diesem kalten Klima waren die Menschen Jäger und Sammler. Um überleben zu können, brauchten sie einfache, warme Kleidung, Waffen, Werkzeuge und vor allem das Feuer. Sie zogen hinter ihren Jagdtieren her, von denen sie sich hauptsächlich ernährten.

Erst aus der letzten Eiszeit kennen wir Kunstwerke. Das war die Zeit zwischen ca. 30 000 und 10 000 v. Chr. Die Zeitspanne kann nur ungefähr festgelegt werden, weil die Wissenschaftler immer neue Funde, auch aus früheren Zeiten, machen. Dieser Prozess ist nicht abgeschlossen. Die Kunstwerke waren stark mit der magischen Religion der damaligen Menschen verbunden, die man vielleicht mit dem **Schamanismus** vergleichen kann. In ihrer Welt hatte alles eine Seele, mit der man sich verständigen konnte. Ein Mittel dazu waren die Kunstwerke. Tief in den Höhlen der Menschen fand man wunderbare, natürliche Tierdarstellungen. Auf einige hatten die früheren Menschen mit Pfeilen geschossen. Deshalb glaubt man, dass mit ihnen eine Art Jagdzauber verknüpft war: Durch das Schießen auf die an die Wand gemalten Tiere, hofften sie, die wirklichen Tiere besser erlegen zu können.

Zu Beginn der **Mittelsteinzeit** veränderten sich das Klima, die Lebensweise und dann auch die Kunst der Menschen. Das Klima erwärmte sich, die Menschen wurden sesshaft, erlernten Fischfang und Ackerbau und errichteten erste feste Hütten. Ihre Bilder ritzten sie jetzt draußen in die Felswände. Sie waren weniger natürlich und wurden stark vereinfacht (stilisiert). Man nimmt an, dass jetzt mehr Wesen aus der unsichtbaren Welt dargestellt wurden. Damit sind Geister und Götter gemeint. Eine Art Diesseits und Jenseits war entstanden. Diese Entwicklung ging in der Jungsteinzeit weiter.

Die Kunst

Wir behandeln die drei Sparten der bildenden Kunst aus dieser Zeit zusammenhängend. Die Künstler der Steinzeit hatten nicht die Vorstellung, etwas Schönes oder Dekoratives zu schaffen. Ihre Kunst, seien es Bilder in Höhlen oder kleine Skulpturen aus Knochen oder Lehm, hatten ganz konkrete Aufgaben. Sie waren ein Teil der religiösen Praxis. Sie dienten dem Kult, und der Steinsteinkünstler war eher Zauberer oder Schamane.

Das Innere der großen Höhlen waren die religiösen Räume – eine Art „Kathedralen" der Steinzeit. Sonst war die **Architektur** sehr einfach. Gewohnt wurde im vorderen Höhlenbereich oder auch in einfachsten Hütten aus Naturmaterialien. Später lebten die Menschen auch in Zelten, die an die Tipis der amerikanischen Ureinwohner erinnern.

Die **Bilder** von Tieren im Innern der Höhlen waren in der Altsteinzeit sehr naturgetreu. Sie hatten wahrscheinlich die Funktion eines Jagdzaubers. Die **Plastiken**, wie z. B. die Darstellung von Frauen oder Fruchtbarkeitsgöttinnen mit expressiven, übertriebenen Körperformen dienten wahrscheinlich einem Fruchtbarkeitskult.

Später in der Mittel- und Jungsteinzeit wurden die Abbildungen von Lebewesen immer abstrahierter, sie sollten das Wesentliche darstellen. Wahrscheinlich handelte es sich nun um Darstellungen von Geistern und Göttern einer jenseitigen Welt, mit denen man kommunizieren konnte und musste.

Zauber, Kult und Magie — PRAXIS

Architektur: Hütten und Zelte

Technik: Modellbau
Material: Holzbrettchen oder Plastiktabletts, Ton, Äste, Steine, Schnüre, Gras, Blätter, Lederreste, Scheren, Sägen, Pinsel, Abtönfarbe
Methode: Gruppenarbeit (2–3 Personen)

Aufgabe:
Baut eine Steinzeithütte.

a) Nehmt als Unterlage eine Holzplatte oder ein einfaches Plastiktablett.

b) Tragt darauf als Boden eine 1 cm dicke Schicht Ton auf.

c) Jetzt überlegt, wie eine einfache Hütte oder ein Tipi ungefähr aussehen soll. Zeichnet eine kleine Skizze von eurer Idee.

d) Geht dann nach draußen auf den Schulhof und sucht euch die Naturmaterialien zusammen, die ihr gebrauchen könnt. Es geht auch anders herum, indem ihr erst das Material sucht und euch dann davon für eine Idee inspirieren lasst. Ihr braucht auf jeden Fall kleine Äste und Steine, vielleicht auch Blätter, Gras und Sand.

e) Die Äste werden auf die richtige Länge gebrochen oder mit einer kleinen Handsäge zurechtgeschnitten. Dann werden sie in die Tonschicht hineingesteckt und mit den Steinen außen befestigt. Das gibt der Hütte Halt. Dort wo die Äste sich oben berühren, könnt ihr sie mit Schnüren verbinden. Die Hütte kann rund oder länglich sein.

f) Jetzt verkleidet ihr die Seiten entweder mit Naturmaterialien und Ton oder mit Lederresten. Das Leder könnt ihr anschließend mit einer wasserfesten Abtönfarbe mit Mustern oder Symbolen bemalen.

Alle Hütten oder Tipis können unterschiedlich sein. Wenn ihr eine größere Unterlage habt, könnt ihr auch die Umgebung gestalten, indem ihr z. B. ein Feld anlegt oder einen Zaun für das Vieh in den Boden steckt. Zum Schluss ergeben alle Modelle zusammengestellt ein Steinzeithüttendorf.

Plastik: Fruchtbarkeitsidole

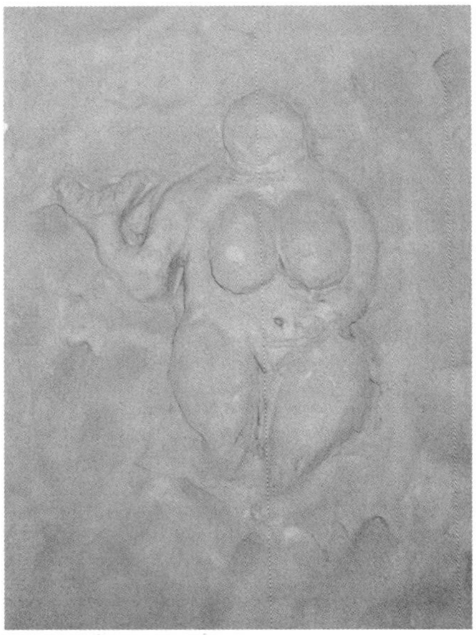

Technik: Tonplastik
Material: Ton, Brettchen, Modellierhölzer, Zahnstocher, Wasserbehälter
Methode: Einzelarbeit

Aufgabe:
Jeder erhält ein Holzbrettchen als Unterlage und ein Stück Ton. Auf dem Brett modellierst du eine Fruchtbarkeitsgöttin halb plastisch als Relief. Sie soll ein Symbol für Leben und Stärke sein. Du kannst die Körperformen dafür stark übertreiben und Einzelheiten, wie das Gesicht, ruhig weglassen. Dies nennt man stilisieren. Ein Relief ist eine Technik, die zwischen einem zweidimensionalen Bild (Länge und Höhe) und einer Plastik (Länge, Höhe und Tiefe) liegt.

Modelliere eine Fruchtbarkeitsgöttin als Relief.

a) Trage auf die Holzplatte eine ca. 1 cm dicke Tonschicht auf und streiche sie glatt.
b) Ritze mit einem spitzen Gegenstand (z. B. Nagel oder Zahnstocher) die Umrisslinien der Göttin in die Tonplatte hinein. Zur Orientierung kannst du dir die Abbildungen anschauen. Du kannst sie sowohl kopieren als auch eine eigene Figur erfinden.
c) Raue mit dem spitzen Gegenstand das Innere der Figur auf. So hält der Ton, den du dort auftragen sollst, besser auf dem Untergrund.
d) Trage Stück für Stück die Körperrundungen innerhalb der Umrisslinien auf. So entsteht eine Art Bild aus Ton, aus dem sich der Körper ein Stück weit herauswölbt. Dies nennt man Relief. Du kannst die Formen mit dem Modellierstab und deinen Fingern glatt streichen.
e) Gestalte die Einzelheiten. Wenn du magst, kannst du mit einem Schwamm den Hintergrund so gestalten, dass er wie ein Stück Felswand aussieht.

Variante: Modelliere die Göttin als Vollplastik aus Ton.

Bild: Höhlen- und Felsenmalerei

Technik: Malen und Zeichnen
Material: Zeichenblock, Entwurfspapier, Bleistift, Wasserfarben, Pinsel, Schwamm, Kohle, Rötel, Fixativ oder Haarspray.
Zusatzmaterial: Frau und Mann (**CD**)
Methode: Einzelarbeit oder Gruppenarbeit

Aufgabe:
Die Steinzeitmenschen malten ihre Bilder auf Felsenwände. Meistens waren es Tiere, manchmal auch Menschen oder Geister.

Stellt eine Steinzeitmalerei her.

a) Nehmt euren Zeichenblock und euren Wasserfarbkasten. Sucht die Farben heraus, mit denen man eine helle Wand aus Sandstein darstellen kann (Gelb, Ocker, Hellbraun, Hellgrau).

b) Malt mit einem breiten Pinsel das ganze Blatt so an, dass die Pinselstriche zu erkennen sind und dadurch eine Struktur entsteht, die einer Felswand ähnelt. Benutzt ruhig zwei bis drei Farben. Mit einem Papiertaschentuch oder einem kleinen Schwamm kann man auch einzelne Farben leicht auftupfen oder ineinanderwischen. Die Farbe gut trocknen lassen.

c) In der Zwischenzeit entscheidet ihr euch für ein Motiv. Wenn ihr ein realistisch aussehendes Jagdtier zeichnen wollt, sucht eine Abbildung aus jener Zeit.

d) Zeichnet die Umrisse dünn mit einem Stück Zeichenkohle. Die könnt ihr auch vorsichtig radieren. Füllt die ganze Figur mit Zeichenkohle aus. Wenn ihr wie die Steinzeitmenschen rote Farbe verwenden wollt, benutzt eine Art rotbrauner Kreide (= Rötel).

e) Abschließend die Zeichnung am besten draußen fixieren. Dafür nehmt ihr ein spezielles Fixativ oder einfach Haarspray. Sonst würde die Kohle verschmieren.

Die Kunst der Steinzeit stand im Zusammenhang mit der damaligen Religion, bei der wahrscheinlich die Elemente eine große Rolle spielten. Drei Elemente habt ihr schon angewendet: Kohle und Farbpigmente aus dem Element Erde, das Element Wasser zum Malen und die Luft zum Trocknen der Farben. Es bleibt also noch das Feuer. Wenn ihr Lust habt und eure Lehrer es erlauben, könnt ihr die Ränder eures Bildes ein wenig anbrennen und ganz schnell wieder auspusten. Dadurch wirkt es wie ein altes Dokument. Das geht aber wirklich nur in Absprache mit dem Lehrer!

Variante:
Später wurden die Malereien draußen an Felswänden angebracht. Jetzt wurden auch mehr Menschen dargestellt, allerdings in einer stark vereinfachten Art. **Ihr findet auf der CD zwei Beispiele aus der Westtürkei**. Die Frau und der Mann sind abstrahiert. Das bedeutet, sie wurden vereinfacht, indem unwichtige Einzelheiten weggelassen werden.

Eine solche Figur sollt ihr selbst entwerfen. Wichtig dabei ist die Vorüberlegung: Was wollt ihr mit der Frau oder dem Mann ausdrücken? Beim Mann, dem Jäger, könnte man die Kraft oder seine Schnelligkeit betonen. Bei der Frau wäre es vielleicht die Fruchtbarkeit oder ihre besondere Art der Stärke, die dem Stamm das Überleben sicherte.

Macht zunächst einen Entwurf mit Bleistift auf einem Skizzenblatt. Dann vereinfacht bzw. verändert ihr die Formen entsprechend, egal ob ein Mensch tatsächlich so aussieht oder nicht. Übertragt anschließend die Zeichnung, genau wie zuvor, auf ein farblich vorbereitetes Zeichenblockblatt, das wie eine Felswand gestaltet wurde. Füllt die Umrisslinie mit Zeichenkohle aus.

Antike

Mesopotamien – Erste Hochkulturen

Zeittafel

Sumerer	ca. 3500 – 2000 v. Chr.
Babylonier	ca. 2000 – 539 v. Chr.
Perser	539 v. Chr. – 331 n. Chr.

Die Kultur

Die ersten Hochkulturen des Vorderen Orients, die wir kennen, sind vor ca. 5000 Jahren in Mesopotamien, d. h. im Zweistromland, entstanden. Es waren orientalische Kulturen. Ihr Gebiet lag zwischen den beiden Flüssen Euphrat und Tigris im heutigen Irak. Die ersten Kunstwerke, die man gefunden hat, sind ca. 7000 Jahre alt. In Mesopotamien lebten und herrschten verschiedene mächtige Völker: die Sumerer, Babylonier, Assyrer, Perser und andere. Ihr Erscheinen führt uns zu folgender Frage:

- Was ist eigentlich eine Hochkultur?

Eine Hochkultur zeichnet sich dadurch aus, dass sie fortschrittlicher ist als andere weniger weit entwickelte Gesellschaftsordnungen. Man kann das an einigen Merkmalen festmachen, wie z. B.:

- Existenz von Städten als Mittelpunkt von Herrschaft und Handel
- Arbeitsteilung (= verschiedene Berufe etc.)
- eigene Sprache, Kultur und Religion
- verschiedene gesellschaftliche Gruppen

- Wie kommt es zu dieser Entwicklung?

Am Beispiel des Volkes der Sumerer zeigt sich, wie viele Bereiche des Lebens ineinandergreifen müssen, damit sich eine Hochkultur entwickeln kann. Zuallererst müssen die äußeren Lebensbedingungen stimmen, wie z. B. gutes Wasser und guter Boden für die gesicherte Ernährung der Menschen.

Als die Sumerer aus Asien kamen, fanden sie beides im Zweistromland vor. Allerdings gab es dort wiederholt riesige Überschwemmungen. Sie lernten also, die Ströme zu regulieren, indem sie Deiche und Bewässerungssysteme bauten. Dadurch wurden die Ernten besser, die Bevölkerung wuchs und aus Dörfern wurden Städte.

Dann geschah etwas Wichtiges: Die Gemeinschaft begann, sich Menschen zu leisten, die dafür ernährt und bezahlt wurden, dass sie nachdachten und Erfindungen machten, die das Leben der Gemeinschaft positiv beeinflussten und erleichterten.

Die Sumerer erfanden die Schrift (Keilschrift), das Rad für Karren und für die Töpferscheibe, die Mathematik, die Sternenkunde und die Gesetzeskunde. All dies ermöglichte den Handel mit anderen Völkern wie den Ägyptern oder Indern. Durch diesen Austausch vermehrte sich ihr Wissen und auch ihr Besitz. Das waren gute Bedingungen für die Kunst und die Künstler.

Bei den Sumerern und Babyloniern war die Kunst stark mit ihren Religionen verbunden. Bei den Assyrern und Persern versinnbildlichte sie mehr die weltliche Macht der Könige.

Die Kunst

Die **Architektur** der frühen Großstädte, z. B. der Sumerer und der Babylonier, war hoch entwickelt. Die Städte wurden durch starke Mauern geschützt und mit vielen künstlerischen Arbeiten geschmückt. Die Stadttore von Babylon waren beispielsweise mit blauen Kacheln verziert. Eines, das Ischtar-Tor, ist heute noch im Berliner Pergamonmuseum zu bewundern. Oben auf der Stadtmauer, zu der das Tor einst gehörte, konnte man mit zwei Pferdegespannen nebeneinanderfahren.

Neben einer Reihe von Palästen gab es in jeder Stadt den **Zikkurat**, einen Tempelturm für den jeweiligen Stadtgott. Der Turm stieg in mehreren Etagen steil nach oben an. Auf der letzten Stufe hatte die Gottheit ihren Wohnsitz, wenn sie auf die Erde herabsteigen wollte.

Die religiösen **Plastiken** der Sumerer waren sogenannte Beterfiguren. Sie hatten die Hände gekreuzt, eine gerade aufrechte Haltung und große, starre, in die Ferne gerichtete Augen. Sie waren in Gruppen in den Tempeln aufgestellt. Die anderen plastischen Arbeiten nicht religiösen Inhalts drückten oft die Kraft und Stärke des Herrschers aus. Es sind Kriegerdarstellungen, Kampf- und Jagdszenen in Form von Wandreliefs.

Bilder schmückten, ähnlich wie bei den Ägyptern, die Wände der Paläste. Diese sind selten erhalten, da die Gebäude im steinlosen Zweistromland aus Lehmziegeln gebaut waren und deshalb fast ganz verfielen.

Wir können uns jedoch heute noch einen guten Eindruck von den Wandmalereien verschaffen, wenn wir uns das Ischtar-Tor ansehen. Die farbigen, gebrannten Kacheln zeigen Löwen und Fabeltiere in warmen Farbtönen auf leuchtend blauem Hintergrund. Die Motive sind stilisiert und drücken Kraft und Stärke aus.

Mesopotamien **PRAXIS**

Architektur: Zikkurat

Technik: Modellbau
Material: 1 Spanplatte (40 × 40 cm), 4 Hartfaserplatten (40 × 40 cm, 30 × 30 cm, 20 × 20 cm, 10 × 10 cm), 4 Dachlatten (je 200 cm), Handsäge, Gehrungssägeblock, Holzfeile, Winkelmesser, Meterstab, Bleistift, Holzleim, Acrylfarben, Pinsel, Dekomaterial, Heißkleber. *Zusatzmaterial:* Zikkurate (**CD**)
Methode: Gruppenarbeit (4–5 Personen)

Aufgabe:
Der Zikkurat war ein Tempelturm. Er bestand aus mehreren Etagen. In der obersten war die Wohnung der jeweiligen Gottheit. Es gab Treppenstufen, um von unten nach oben die unterschiedlichen Ebenen zu erreichen.

Baut einen Zikkurat aus Holz.

Der Rohbau ist für alle Gruppen gleich. Die Gestaltung der Einzelheiten und der Farben ist eurer Fantasie überlassen. Der Turm besteht aus vier Etagen, die sich nach oben verjüngen.

a) Sprecht euch ab, wie euer Turm aussehen soll. Danach werden die unterschiedlich Arbeiten verteilt.

b) Beginnt mit der Spanplatte von 40 × 40 cm. Darauf die Mauern aus zwei Lagen Dachlatten aufbauen. Dazu die richtige Länge der Stücke ausmessen, dann sägen und zusammenleimen.

c) Eine dünne Hartfaserplatte (40 × 40 cm) wird auf die ersten Mauern geleimt. Wenn diese nicht richtig hält, schlagt ihr in die vier Ecken jeweils einen Nagel ein.

d) Die Maße der nächsten Hartfaserplatte (30 × 30 cm) sind der Grundriss der ersten Etage. Legt diese Platte in die Mitte und achtet auf den gleichen Abstand zum Rand.

e) Übertragt den Umriss mit Bleistift auf die Deckplatte der unteren Etage.

f) In das dort entstandene Quadrat baut ihr die nächsten Mauern, indem ihr entsprechend große Dachlattenstücke ausmesst, zurechtsägt und in zwei Reihen verleimt.

g) Die nächste Deckplatte genau wie beim ersten Mal beschrieben oben aufsetzen. Mit den weiteren Etagen (20 × 20 cm und 10 × 10 cm) verfahrt ebenso.

h) Nun beginnt die individuelle Gestaltung. Jede Gruppe überlegt sich ein eigenes System von Treppenstufen, die aus verschiedenen Holzresten herausgesägt werden können und verleimt werden. Dann ist der Rohbau fertig.

i) Bemalt das Gebäude in einem ersten Arbeitsgang mit euren Grundfarben. Dazu benutzt ihr breite Pinsel. Wenn alles getrocknet ist, könnt ihr durch Übermalungen gut Korrekturen durchführen, wenn dies nötig ist.

Zum Schluss fügt ihr mit kleinen Pinseln eure Verzierungen hinzu. Achtet darauf, dass sie durch Farbkontraste gut zu erkennen sind. Einzelne Verzierungen, wie kleine Bäume, könnt ihr mit einem Heißkleber befestigen.

Plastik: Beterfigur

Technik: Maskenbau, Darstellung und Foto
Material: ein großer Bogen (DIN A1, 59 × 84 cm) weißes Papier, Bleistift, Schere, Flüssigkleber, Wasserfarben, Pinsel, ein langes Gewand oder Stoffbahnen, ein Fotoapparat.
Zusatzmaterial: Beterfigur (**CD**)
Methode: Partnerarbeit

Aufgabe:
Entwerft und stellt eine Gebetsfigur der Sumerer dar: mit Maske und Kostüm. Und fotografiert zum Schluss die fertige Figur.

a) Fertigt zuerst die Maske aus Papier an. Sie muss so groß sein, dass ihr sie über den Kopf ziehen könnt. Entscheidet euch, ob ihr eine Frau oder einen Mann mit Bart darstellen wollt. Entwerft dazu zunächst auf einem Entwurfspapier eine kleine Skizze des Gesichtes. Wichtig sind die großen, schwarz geschminkten Augen.

b) Erfindet dann durch Ausschneiden, Einschneiden und Zusammenkleben eine Maskenform. Das Einfachste ist eine Röhre, die man über den Kopf ziehen kann. Ihr könnt die Öffnungen für die Nasen aufschneiden und die Ohren extra aufkleben.

c) Markiert mit Bleistift die Stellen, wo eure Augen sind, und schneidet vorsichtig, nachdem ihr die Maske wieder abgenommen habt, zwei Gucklöcher in das Papier.

d) Malt mit schwarzer, dicker Wasserfarbe ein komplettes Gesicht auf die Maske. Ich empfehle, sie schwarz-weiß zu lassen. Ihr könnt sie aber auch farbig gestalten.

e) Für den Körper benötigt ihr ein langes Gewand. Vielleicht habt ihr einen Theaterfundus in der Schule oder ihr bringt etwas von zu Hause mit. Wenn das nicht möglich ist, nehmt ihr mehrere Meter Stoff und drapiert ihn mit Sicherheitsnadeln um den Körper herum.

f) Setzt eure Masken auf und fotografiert euch gegenseitig in einer würdevollen, betenden Haltung. Es empfiehlt sich, das vor dem Abschlussfoto zu üben.

Bild: Drachen

Technik: Zeichnen und Malen
Material: Zeichenblock, Bleistift, Wachsmalstifte oder Ölkreiden, blaue Tusche, breiter Pinsel.
Zusatzmaterial: Drachenlöwe / Löwe (**CD**)
Methode: Einzelarbeit

Aufgabe:
In der alten mesopotamischen Stadt Sura gab es eine Mauer, die mit glasierten, farbigen Steinen verziert war. Verschiedene reale Tiere waren auf ihr zu sehen, aber auch Mischwesen: z. B. ein geflügelter Löwendrachen. Das ist ein Löwe, der seitlich dargestellt wird. Alle vier Beine sind zu sehen, die vorderen sind von einem Löwen, die hinteren von einem Drachen. Aus den Schultern wachsen große Flügel. Sein Schwanz gleicht einer Spirale. Sein Maul ist drohend geöffnet. Auf dem Kopf hat er zwei gebogene Hörner.

Entwirf nach dieser Beschreibung einen eigenen geflügelten Löwendrachen.

Benutze dazu als Vorlage die Abbildung eines Löwen und verwandle diesen in ein mesopotamisches Kunstwerk.

a) Zeichne zunächst die Umrisslinien mit Bleistift vor.

b) Male das Tierwesen dann mit Ölkreiden oder Wachsstiften so aus, dass noch etwas Weiß zwischen den Kreidestrichen übrig bleibt. Lasse den Hintergrund auch weiß.

c) Übermale dann das ganze Blatt mit einem breiten Pinsel und blauer Tusche. So kann eine ähnliche Wirkung wie bei den alten, blau glasierten Steinen entstehen.

Zeittafel

Altes Reich	2600 bis 2190 v. Chr.
Mittleres Reich	2040 bis 1710 v. Chr.
Neues Reich	1580 bis 1085 v. Chr.
Die Spätzeit	715 bis 332 v. Chr.

Die Kultur

Der Name Ägypten ist stark mit dem Land und seinem Klima verbunden. Er bedeutet „schwarze Erde". Einmal im Jahr überschwemmte der Nil die Uferregion und hinterließ an beiden Ufern eine dicke dunkle Schicht fruchtbarer Erde. (Das geschah regelmäßig bis zum Jahr 1971, als der Assuan-Staudamm gebaut wurde. Seitdem gibt es im Binnenland keine Nilschwemme mehr.) Auf dem durch die Schwemme fruchtbaren Landstreifen von 15 km Breite und 1000 km Länge entwickelte sich die ägyptische Kultur. Wie im Zweistromland mussten die Menschen ihre Zusammenarbeit gut organisieren, um die Gegebenheiten der Natur für sich optimal zu nutzen. Wieder entstand durch Kooperation der Menschen eine Hochkultur.

Man unterscheidet drei bedeutende große Reiche bei den alten Ägyptern: das Alte Reich, das Mittlere Reich und das Neue Reich. Die drei Reiche untergliedert man wiederum in Dynastien und Regierungszeiten der Pharaonen.

Zwischen den großen Reichen gab es Zeiten des Übergangs und Verfalls. Daran kann man gut beobachten, wie ganze Völker und Kulturen dem Rhythmus der Geschichte folgen: Eine Kultur wird geboren, es folgt ein Höhepunkt und dann der Niedergang (= Altes Reich). Dann folgt eine Zwischenzeit, eine Wiedergeburt, ein neuer Höhepunkt und ein neuer Verfall (= Mittleres Reich) usw. Am Ende kommt es oft zu einer Eroberung durch ein anderes Volk, wie in der Spätzeit der Ägypter durch Griechen und Römer.

Die Kunst der Ägypter war über 3000 Jahre lang ein vollkommener Diener der Religion. Die Ägypter glaubten an eine Vielzahl von Göttern, die sowohl auf der Erde als auch in einem unsichtbaren Jenseits lebten. Diese hatten den Kosmos und die Menschen erschaffen und bewahrten sie täglich vor Zerstörungen. Deshalb war es wichtig, ihnen Tempel zu erbauen. Die Götter konnten die Gestalt von Tieren annehmen und wurden oft mit Menschenkörpern und Tierköpfen dargestellt. Jeder sorgte für einen bestimmten Teil des Lebens auf Erden. Der Gott Re z. B. war die Sonne, die Göttin Iris schützte die Menschen wie eine Mutter, die Göttin Nut gebar jeden Morgen die Sonne und verschluckte sie am Abend, um die Sterne zu gebären, und der Totengott Osiris war für das Leben im Jenseits zuständig.

Die Menschen haben sich damals viel damit befasst, wie das Leben nach dem Tod in der anderen Welt weitergeht. Sie glaubten daran, dass die Seele, die oft als Vogel dargestellt wurde, den Körper verlassen konnte, aber regelmäßig zurückkehrte, um dort weiterhin zu wohnen. Deshalb musste der Körper unversehrt erhalten bleiben. Dafür sorgte die Einbalsamierung, die ihn zur unsterblichen Mumie machte. Die reichen Grabbeigaben, die einem Herrscher auf den Weg ins Jenseits mitgegeben wurden, sollten dafür sorgen, dass er sein Luxusleben im Totenreich fortsetzen konnte. Denn nach ägyptischer Vorstellung lebten die Verstorbenen, die auf die Westseite des Nils gebracht wurden, genauso wie zu Lebzeiten auf der Ostseite des Flusses: Ein Bauer arbeitete weiterhin als Bauer, der Pharao blieb ein Herrscher.

Woher wissen wir das heute alles? Die Ägypter haben eine Bilderschrift entwickelt, die Hieroglyphen, die wir seit dem 19. Jahrhundert lesen können. Durch diese Texte und viele gut erhaltene Wandbilder in Gräbern und Gebäuden aus Stein wissen wir viel über den hohen Stand der damaligen Kultur. Das gilt ebenfalls für die damalige Medizin, die Mathematik, die Sternenkunde und viele andere Dinge des täglichen Lebens.

Die Kunst

Die Kunst stellte das Ewige dar. Die Künstler mussten in der Bildhauerei und Malerei festgelegten Regeln folgen. Wenn sie einen Pharao darstellten, sollte er göttlich sein und keine menschliche Persönlichkeit darstellen. Die Künstler schufen vor allen Dingen zur Zeit des Alten Reiches Idealbilder, in denen nur manchmal die realen Züge eines Portraits auftauchten. Die frühe Kunst in Ägypten befasste sich also überwiegend mit der Darstellung von Innenwelten und Idealen. Dies änderte sich im Laufe der Zeit: je jünger die Kunstwerke, desto persönlicher und individueller wurden sie.

Die bedeutendsten Gebäude der damaligen **Architektur** waren die Pyramiden. Sie zählen zu den gigantischsten Bauwerken, die je auf Erden errichtet wurden. Die Pyramiden von Gizeh sind die einzigen noch erhaltenen Bauwerke der sieben Weltwunder der Antike. Sie waren mit ihren angrenzenden Tempelanlagen Grabstätten für den Pharao und wurden wahrscheinlich ebenfalls zu kultischen Handlungen genutzt.

Im Neuen Reich wurden statt der Pyramiden mehr große Tempelanlagen gebaut, die mit Skulpturen und Wandmalereien verziert waren.

Die **Plastiken** waren aufrecht, in ihrer Wirkung würdig und mit ihren Blicken auf das Jenseits ausgerichtet. Es gab sowohl Kleinplastiken als Grabbeigaben als auch lebensgroße Figuren, bis hin zu riesigen Darstellungen von Pharaonen und Göttern. Als Übergang zwischen dreidimensionaler Plastik und zweidimensionalen Bildern schufen die ägyptischen Künstler zahlreiche Reliefs.

Die **Bilder**, Malereien auf Papyrus und auf den Wänden der Grabanlagen, sind zahlreich und zum Teil sehr gut erhalten. Sie zeigen sowohl das alltägliche Leben der Ägypter als auch das der Göttinnen und Götter der jenseitigen Welt. Die Darstellung der Körper folgt klaren Regeln, die der ägyptischen Kunst ihre typische Wirkung geben: Die Gestalten müssen aufrecht und gerade sein. Der Kopf war im Profil (der Seitenansicht) zu zeigen, außer dem Auge, das frontal dargestellt wurde. Der Oberkörper war ebenfalls frontal, die Arme wiederum im Profil zu sehen. Alle Finger mussten sichtbar sein, genauso wie beide Beine. Sie wurden seitlich dargestellt.

Ägypten — PRAXIS

Architektur: Pyramiden

Technik: Modellbau
Material: Dachlattenstücke, 4 cm breit (2 × 50 cm, 4 × 42 cm, 4 × 34 cm, 4 × 26 cm, 4 × 18 cm, 4 × 11 cm, 27 × 4 cm), Handsäge, Sägeblock, Meterstab, Winkelmesser, Bleistift, Holzfeile, weiße Farbe, Pinsel, weißes Transparentpapier, Kleber, Schraubzwinge, Lampe (20 Watt), ein Gehrungssägeblock, ein Tacker
Methode: Gruppenarbeit (3–4 Personen)

Aufgabe:
In der Antike gab es sieben sogenannte Weltwunder. Es waren große Werke der Baumeister und Bildhauer. Nur eines dieser Bauwerke steht noch heute – das sind die großen Pyramiden von Gizeh.

Baue ein weißes Pyramidenmodell.

Früher waren die Originale mit hellen Decksteinen überzogen. Sie leuchteten in der Sonne überirdisch weiß. Um dies auszudrücken, wird unser Holzmodell eine Art Lampe sein und von innen beleuchtet werden.

Die Basis der Pyramide ist ein Quadrat von 50 × 50 cm. Als Baumaterial nimm glatte Dachlattenstücke, die mit dem Gehrungssägeblock auf Länge gesägt werden.

a) Zuerst zweimal 50 cm an der Dachlatte abmessen, die Stelle mit einem Winkeleisen markieren und in der Gehrungsschneide schräg absägen. Die Sägekanten mit einer Handfeile oder Schmirgelpapier glätten. Anschließend zwei Hölzer von 42 cm Länge ebenfalls schräg sägen.

b) Die vier Hölzer zu einem Quadrat zusammenlegen und verleimen. Mit dem Tacker zweimal über die vier Verbindungsstellen tackern, auch von der Rückseite. Dann alles gut trocknen lassen.

c) Vier kleine Holzstücke von 4 cm Länge absägen, wieder die Kanten glätten. Diese vier kleinen Quadrate auf die vier Ecken des ersten Holzquadrates leimen und zwar um genau 2 cm nach innen versetzt. Sie bilden die Basis für das nächste Holzquadrat.

d) Dieses Quadrat besteht aus zwei Holzstücken von 42 cm und zwei Stücken aus 34 cm Länge und wird auf die Viereckstücke geleimt.

e) Vier weitere Eckstücke von 4 cm Länge kommen wieder 2 cm nach innen versetzt auf das zweite Quadrat, usw.

f) Das dritte Quadrat: 2 × 34 cm und 2 × 26 cm.

g) Das vierte Quadrat: 2 × 26 cm und 2 × 18 cm.

h) Das fünfte Quadrat: 2 × 18 cm und 2 × 11 cm.

i) Das sechste Quadrat: 2 × 11 und 2 × 4 cm.

j) Das siebte Quadrat besteht aus vier zusammengeleimten kleinen Quadraten von 4 × 4 cm. Einen Schlussstein von gleicher Größe oben draufsetzen. Wenn die Pyramide kleiner sein soll, die unteren Quadrate einfach weglassen.

Die fertige Pyramide mit weißer Farbe von außen anmalen, evtl. später noch etwas Dekolack oder Goldpulver zur Verzierung anbringen. Wieder trocknen lassen.

Dann umdrehen und schmale Streifen Transparentpapier mit Flüssigkleber in die Lücken der Holzkonstruktion kleben. Am besten in der Spitze beginnen und sich zur Basis hocharbeiten.

Jetzt ist die Pyramide fertig. Innen könnt ihr noch eine kleine Lampe anbringen. Sie hält am besten, wenn man sie auf einer Holzplatte befestigt, die in die Pyramide hineinpasst.

Plastik: Mumiensarg

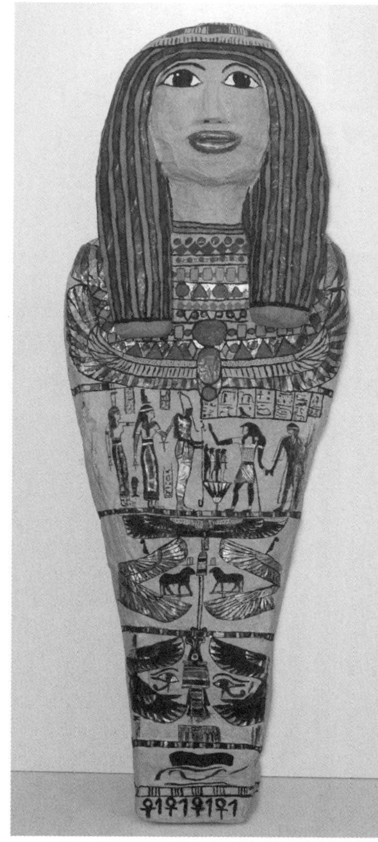

Technik: Papierplastik
Material: Zeitungspapier, Kleister, Tesakrepp, Bleistift, Entwurfspapier, Acrylfarben, Goldfarbe, Pinsel
Methode: Partnerarbeit

Aufgabe:
Die Ägypter haben viele Skulpturen und Plastiken geschaffen. Manche waren riesig, wie der berühmte Sphinx von Gizeh, andere waren winzige Amulette. Die heute berühmteste plastische Arbeit ist wahrscheinlich die goldene Maske des Pharaos Tutanchamun. Diese bedeckte seine Mumie.

Baut das Modell eines Mumiensarges.

Vorarbeit: Seht euch mehrere Abbildungen von Mumiensärgen an. Es fällt auf, dass der Kopfbereich sehr deutlich herausgearbeitet ist, während der übrige Körper aus einem Stück besteht, das an den Schultern am breitesten ist und dann nach unten immer schmaler wird. Die Füße bilden zusammen eine dritte Form, die vorn nach oben ragt.

a) Zerknüllt das Papier, bis eine Kugel entsteht, und umwickelt sie mit Tesakrepp, bis die gewünschte Kopfform hält.

b) Faltet und drückt die nächsten Papierseiten bis die Form des Körpers entsteht. Auch diese fixiert ihr mit Tesakreppstreifen. Im Schulterbereich zwei extra Papierpolster befestigen. Das Gleiche mit der Fußform machen.

c) Befestigt mit den Klebestreifen den Kopf an den Schultern und die Füße an den Beinen. Jetzt habt ihr einen festen Kern geschaffen, der insgesamt noch einmal eingekleistert wird.

d) Tragt eine erste dünne Schicht Zeitungspapier auf. Zuvor passende Stücke reißen. Spart nicht mit Kleister! Mehrere Schichten Papier und Kleister folgen. Am Ende besteht der Mumiensarg aus einem Stück. Er muss einige Tage trocknen.

e) Danach die ganze Plastik mit weißer Farbe gut grundieren.

f) Fertigt jetzt Entwürfe für die Bemalung an. Wie soll das Gesicht aussehen? Es sollte auf jeden Fall etwas Erhabenes haben. Welche Farben wollt ihr nehmen? Welche Verzierungen – Hieroglyphen oder Symbole?

g) Malt eine erste farbige Schicht auf die Grundierung. Nachdem diese getrocknet ist, folgen die Schriftzeichen. Muster und Symbole mit Bleistift vormalen, mit dünnen Pinseln und Farben ausmalen. Für ganz kleine Teile und feine Striche Filzstifte benutzen. Bei den Verzierungen bieten sich Gold- und Silberlackstifte an. Es reicht, nur die Vorderseite und die beiden Längsseiten zu gestalten. Mit der Rückseite wird die Figur an der Wand des Kunst- oder Klassenraumes aufrecht stehend befestigt.

Bild: Mumienportraits

Technik: Zeichnen und Malen
Material: Sperrholzplatte (DIN A3), Laubsäge oder Stichsäge, Bleistift, Wachsstifte, Leinöl, Pinsel, Pinselreiniger, weiße Farbe, Goldfarbe, Feuerzeug,
Zusatzmaterial: Kopfproportionen (**CD**)
Methode: Einzelarbeit

Aufgabe:
Für diese Aufgabe gehen wir in die Spätphase der ägyptischen Kultur. Sie überschneidet sich mit der Herrschaft der Römer, der Zeit, in der sich Cäsar und Kleopatra trafen. Inzwischen konnten sich auch weniger reiche Menschen eine Mumifizierung leisten. Die Sarkophage waren einfacher, sie hatten aber Portraits der Verstorbenen im Kopfbereich. Die wurden mit Wachsfarben auf Holz gemalt und sehen bis heute sehr lebendig aus.

Male ein Mumienportrait – egal, ob Mann oder Frau.

a) Erstelle eine Entwurfszeichnung von einem Kopf. Bei der Gestaltung der Frisur, des Bartes oder Kopfschmuckes versuche, dich in die Zeit der Ägypter zurückzuversetzen.

b) Übertrage die Skizze auf eine dünne Sperrholzplatte. Lege die Holzplatte hochkant und zeichne einen Rundboden, denn die Grundflächen der alten Mumienportraits waren oben abgerundet.

c) Säge die überstehenden Teile mit einer Laubsäge ab. Wenn der Lehrer es erlaubt, vielleicht auch eine Stichsäge benutzen.

d) Auf diese Platte die Vorzeichnung übertragen. Anschließend mit Wachsmalstiften weiterarbeiten.

e) Die Hauptlinien des Kopfes mit einem schwarzen Wachsstift nachzeichnen. Mit einem Ockerstift, etwas Orange und Braun die Hautflächen ausfüllen. Haarpartien, Schmuck und Kleidung bemalen. Für den Hintergrund eine Farbe nehmen, die zu allem im Kontrast steht.

f) Mit einem Borstenpinsel vorsichtig das Leinöl auftragen. Zuerst die Hautpartien. Das Leinöl führt dazu, dass die Wachsstiftpigmente angelöst werden und sich wie bei einer Ölfarbe miteinander zu mischen beginnen. Für die feinen Bildteile einen dünneren Pinsel nehmen. Anschließend alles eine Woche trocknen lassen.

g) Für die Augen etwas weiße Acrylfarbe nehmen. Damit das Weiße in den Augen ausmalen und jeweils auf die Pupillen als Glanzlicht einen weißen Punkt aufsetzen. So sehen die Augen lebendig aus. Auch die Nasenspitze und die Lippen können Glanzpunkte bekommen. Wenn ihr mit Schattierungen arbeiten wollt, erhält eine Gesichtshälfte eine weiße Schattierung. Die andere Hälfte sollte mit Dunkelbraun schattiert werden. Für den Schmuck eignet sich Goldfarbe: als Acrylfarbe oder als leuchtender Goldlack.

Reinige den Leinölpinsel und/oder den Lackpinsel mit speziellem Pinselreiniger.

Zeittafel

ca. 3000–2100 v. Chr.	die kykladische Kunst
ca. 2900–1200 v. Chr.	die minoische Kunst
ca. 1600–1100 v. Chr.	die mykenische Kunst
ca. 1100– 925 v. Chr.	die Zeit der Völkerwanderung
ca. 1000– 700 v. Chr.	die geometrische Kunst
ca. 700– 480 v. Chr.	die archaische Kunst
ca. 480– 323 v. Chr.	die klassische Kunst
ca. 323– 34 v. Chr.	die hellenistische Kunst

Die Kultur

Das Land der alten Griechen war ganz anders als das alte Ägypten, spielte aber für die Entwicklung der Kultur ebenfalls eine wichtige Rolle. Das griechische Festland war zerklüftet, mit hohen Bergen in der Mitte. Gleichzeitig gab es sehr viele Inseln. Was alle Griechen verband, war das Wasser. Kaum eine Siedlung war mehr als eine Tagesreise vom Meer entfernt. Langsam entwickelten sich die Griechen von einem Bauern- und Hirtenvolk zu einem Seefahrer- und Händlervolk. So konnten sie mit der damals bekannten Welt in Kontakt treten und wirtschaftliche Beziehungen knüpfen. Dadurch wurden sie weltoffen und sahen, wie andere Völker lebten. Das war eine Inspiration für ihre Kultur.

Sie kamen nicht nur in friedlicher Absicht. Sie eroberten auch andere Völker. Dort gab es schon viel früher reiche Paläste und wunderschöne Kunst, die von den frühen Griechen geraubt und nachgeahmt wurde. Genauso gab es eine Zeit, in der die Griechen viele Anregungen aus der Kunst des alten Orients verarbeiteten.

In der Phase der archaischen Kunst wurde die Gesellschaft immer städtischer. In dieser Zeit entwickelten die Griechen viele Dinge, die unser Leben in Europa noch heute bestimmen, wie z. B. die Demokratie und die Philosophie, das Theater und die Olympischen Spiele. Sie sind unsere kulturellen Vorfahren.

Die ersten Demokratien entstanden in den unabhängigen griechischen Stadtstaaten. Dort lebten und lehrten so bekannte Philosophen wie Sokrates, Aristoteles oder Platon.

Die Griechen glaubten an viele Götter. Diese lebten auf dem Berg Olymp und waren für unsere Vorstellungen recht menschlich. Es gab in der unsterblichen Götterfamilie Zank, Eifersucht und dramatische Liebschaften. All dies wissen wir aus mythologischen Erzählungen. Diese Geschichten von Göttern und Helden wurden von Dichtern erzählt und von bildenden Künstlern gestaltet.

Die Tempel, Skulpturen und Wandgemälde zeigen Götter, Helden und verschiedene andere Geschöpfe. Insofern ist die griechische Kunst stark religiös. Auf der anderen Seite auch sehr menschlich, denn sie zeigt den Körper in seiner ganzen Schönheit und Kraft. Die Künstler entwickelten in ihren Arbeitsweisen technische Perfektion. Sie strebten in ihren Kunstwerken, seien es Tempel oder Skulpturen, absolut harmonische Größenverhältnisse (Proportionen) an. Dazu benutzten sie sogar mathematische Berechnungen.

Die Architektur

Die große Baukunst der Griechen begann in der archaischen Phase mit der Planung der Städte. Die Gebäude wurden aus Stein hergestellt. In der späteren klassischen Phase erfanden die Griechen das Theater als halbrunden Steinbau, den sie in Hügel hineinsetzten.

Das wichtigste Bauwerk für die Griechen war jedoch der Tempel. Die ersten Tempel waren klein und bestanden aus Holz. In ihrem Inneren befand sich ein hölzernes Bildnis einer Göttin oder eines Gottes. Später entwickelten sich die Tempel zu großen monumentalen Steinbauten. Sie wurden oft auf Hügeln erbaut, damit man sie weit über das Land sehen konnte. Das bevorzugte Baumaterial war heller Marmor, der teilweise farbig bemalt wurde. Die meisten Tempel hatten einen Unterbau aus mehreren Stufen. Darauf stand das eigentliche Gebäude, umgeben von Säulen aus Marmor. Dies nennt man die Säulenhalle. Im Inneren befanden sich ebenfalls zwei Reihen mit Säulen, die den Raum unterteilten. Das Dach lag auf den Mauern und den Säulen auf. Es hatte ein mit Skulpturen geschmücktes Giebeldreieck.

Bei jeder Architektur spricht man von den tragenden Teilen und den getragenen Teilen. Beim griechischen Tempel waren die Säulen und Mauern tragend. Auf ihnen lastete die getragene Dachkonstruktion. Alle tragenden, stützenden Teile behielten die natürliche helle Marmorfarbe. Alle getragenen Teile dagegen waren farbig bemalt. Die Antike war insgesamt recht bunt. Die Gesamtwirkung des Tempels sollte so schön wie möglich sein. Dies wurde dadurch erreicht, dass alle Bauteile in harmonischen, mathematisch errechneten Größenverhältnissen zueinander erbaut wurden. Darin waren die Griechen wahre Meister.

Die Funktion dieser Tempel war im Vergleich zu unseren christlichen Kirchen eine ganz andere: Der Tempel war die Wohnstätte einer Gottheit, deren Statue sich im Inneren in einem dunklen Raum befand. Dort war kein Platz für die Gläubigen. Der eigentliche Gottesdienst wurde außerhalb des Tempels gefeiert. Die Tür zum Heiligtum wurde dann geöffnet, sodass die Menschen die effektvoll beleuchtete Statue der Gottheit sehen konnten. Ihr Anblick sollte Freude und Bewunderung auslösen, während die Gottheit von oben zusah.

Die Plastik

Das große Thema in der plastischen Kunst war der menschliche Körper. Aus der Zeit der Vor- und Frühgeschichte Griechenlands wurden bisher nur Kleinplastiken gefunden. Sie bestehen aus Ton, Bronze, Stein, Knochen, Elfenbein oder Holz und sind nicht naturalistisch. Die Figuren der kykladischen Inseln wirken zum Beispiel heute fast abstrakt und dadurch ganz „modern". Die Einzelheiten der Körper spielten keine Rolle; es wurde nur das Wesentliche dargestellt, beim Gesicht z. B. die Nase.

Archaik bedeutet Anfang und bezeichnet die Anfangszeit dieser Kultur. Der Fachbegriff kann auch für andere Kulturen benutzt werden. Größere Plastiken entstanden zu Beginn der archaischen Phase. Sie waren zunächst durch Vorbilder aus Ägypten und dem Orient beeinflusst. Sie wurden langsam von den Wänden und Säulen der Tempel abgerückt. So entstanden freistehende Vollplastiken, die man umschreiten und dadurch von allen Seiten betrachten konnte. Zunächst waren sie in der archaischen Phase noch der blockhaften Strenge der ägyptischen Skulpturen verwandt. Sie wurden jedoch im Laufe der Zeit immer bewegter und freier im Ausdruck. Dies können wir bei allen Menschendarstellungen an drei Dingen ablesen: der Körperhaltung, dem Gesichtsausdruck (Mimik) und dem Ausdruck der Hände (Gestik). Dazu kommen noch die Art, wie die Kleidung dargestellt wurde, und die Wirkung des Materials. Die Griechen benutzten hauptsächlich schönen, weißen Marmor oder sie stellten Metallplastiken her, die aus Bronze gegossen wurden. Viele der Originalkunstwerke sind im Laufe der Zeit verloren gegangen. Wir kennen sie nur als Kopien römischer Bildhauer.

Dargestellt wurden Göttinnen, Götter und menschliche Helden aus der griechischen Mythologie. Ein Mythos ist eine überlieferte, nicht wahre Geschichte von Göttern oder anderen außergewöhnlichen Wesen und Menschen, die von sagenhaften Ereignissen, wie zum Beispiel der Entstehung der Erde, erzählen.

Die heiter lächelnden Skulpturen der archaischen Phase sind noch einfach gearbeitet und nicht so lebensecht dargestellt wie die späteren Figuren. Dies änderte sich in der klassischen Phase, die darauf folgte. Der Begriff **Klassik** wird u. a. für den Höhepunkt der Kunst der Griechen angewandt wie auch für andere herausragende künstlerische Epochen.

Die Wirkung dieser klassischen Skulpturen ist ruhig, lebendig und ausgewogen. Die Gesichter sind idealisiert. Die Bildhauer versuchten, etwas Harmonisches, Perfektes im Menschen auszudrücken, was sich jenseits der Sinneswahrnehmung im Innern abspielt. Sie versuchten, die ewige Schönheit zu gestalten. So wich die starre Körperhaltung der archaischen Figuren mit gleicher Belastung beider Beine der bewegteren Form von Stand- und Spielbein. Zunehmend wurden Gefühle ausgedrückt. Zum Teil entstanden riesige Figuren, wie der berühmte sitzende Zeus in seinem Tempel in Olympia. Diese Zeusstatue soll 12 Meter hoch gewesen sein und ganz aus Elfenbein und Gold bestanden haben. Ihr Anblick muss so beeindruckend gewesen sein, dass sie in der Antike zu den sieben Weltwundern gezählt wurde. Sie existiert heute nicht mehr und deshalb wissen wir nicht genau, wie sie aussah. Die Beschreibung ist nur überliefert.

In der letzten hellenistischen Phase wurden die Figuren immer menschlicher, emotionaler und portraithafter. Die Anatomie der menschlichen Körper war so gut beobachtet und getroffen, dass teilweise sogar die Adern unter der Haut zu erkennen sind.

Die Griechen feierten die Schönheit des menschlichen Körpers. Deshalb schufen sie so viele Körperdarstellungen, bekleidet und unbekleidet. Letztere nennt man Aktdarstellungen. Heute sind sie in der Regel weiß – die Farbe des Marmors - früher jedoch waren sie mit bunten Farben ganz bemalt. So wie die Kunst der alten Griechen überhaupt viel farbiger war, als wir uns das heute vorstellen können.

Die Bilder

Die Malerei der antiken Griechen war berühmt und wurde viel gepriesen. Das wissen wir aus alten Texten, aber die Originale sind fast gänzlich verloren gegangen. Wir kennen heute noch einige Wandmalereien der Vorläufer der Griechen, z. B. aus dem Königspalast von Knossos auf Kreta. Dort sieht man, wie junge Männer akrobatisch über einen Stier springen und andere sportliche Wettkämpfe austragen, Frauen tragen Vasen und Amphoren. Auf diese Weise waren große Teile der Palastwände bemalt worden.

Besonders eindrucksvoll war die Vasenmalerei. Überall in der damaligen Welt wurde mit griechischen Tonvasen gehandelt, die z. B. als Gefäß zum Lagern von Lebensmitteln dienten. Sie wurden reich verziert, in der frühen Zeit, vor dem archaischen Stil, zunächst mit geometrische Figuren. Es folgten orientalische Motive und die figürlichen Darstellungen der späten Vasenmalerei. Gegenstand der Malerei waren meist die Helden der Göttergeschichten und Sagen. Daneben zeigen sie uns heute Szenen aus dem damaligen alltäglichen Leben, die ebenfalls auf den Vasen verewigt wurden.

Der Malstil konnte sowohl stilisiert als auch natürlich sein. Es gab zwei Techniken:

1. Die Figuren wurden mit schwarzem Schlick auf ungebrannten Ton aufgetragen und erst dann gebrannt, sodass die Figuren schwarz blieben und der Hintergrund rotocker aussah.
2. Der Hintergrund wurde mit schwarzer Farbe ausgemalt und die Figuren selbst wurden ausgespart, sodass die Hautfarbe die rötliche Farbe des Tons erhielt.

Architektur: Tempel

Technik: Modellbau
Material: 5 Spanplatten (38 × 28 cm, 36 × 26 cm, 34 × 24 cm, zweimal 22 × 30 cm) = Giebeldreiecke, 2 Sperrholzplatten (38 × 28 cm, 34 × 24 cm), 2 Sperrholzplatten (38 × 15,5 cm = Dach, 2 Dachlatten (200 cm), Rundholz (2,10 m), Zierleiste (38 cm), Gehrungssägeblock, Laubsäge oder Stichsäge, Schraubzwinge, Holzpfeile oder Schmirgelpapier, Meterstab, Holzleim, Zeichenblock, Schere, Bleistift, Filzstifte, Acrylfarben, Goldfarbe, Pinsel, Klebstoff. *Zusatzmaterial:* Giebelvorlage (**CD**).
Methode: Gruppenarbeit (4–5 Personen)

Aufgabe:
Die griechischen Tempel waren ein Inbegriff von meisterlicher Baukunst und harmonischer Schönheit. Angefangen hatten die Griechen zunächst mit Holzgebäuden. Die bis heute bewunderten großen Tempel sind aus weißem Marmor. Wir knüpfen an die Anfangszeiten an.

Baut einen griechischen Tempel aus Holz.

Der Rohbau
Die Marmortempel wurden damals schon mit einer Art Baukastensystem hergestellt. Vorgefertigte Einzelteile wurden passgenau aufeinandergesetzt.

a) Damit der Tempel einen guten Halt hat, braucht er ein starkes Fundament. Wir benutzen beim Modellbau dafür drei dünne Spanplatten.
b) Auf die untere (38 × 28 cm) wird die nächste (36 × 26 cm) genau in die Mitte geleimt. Die dritte Platte (34 × 24 cm) wird in die Mitte der zweiten Platte geleimt. So entsteht eine dreistufige Bodenplatte. Das eigentliche Gebäude hat die Außenmaße: 28 × 18 cm.
c) Dieses Viereck in die Mitte der dritten Bodenplatte zeichnen. Oder aus einer gleich großen Pappe vorher eine Schablone zuschneiden und daran anzeichnen.
d) Für den Bau des Gebäudes zweimal 28 cm an der Dachlatte abmessen, einen Strich ziehen und im Gehrungssägeblock absägen. Die Sägekanten mit Schmirgelpapier glätten.
e) Die beiden Dachlattenstücke mit den schmalen Seiten an den 28 cm langen Linien festleimen. Zu den Kanten der obersten Bodenplatte sollte noch 3 cm Platz sein.
f) Messt den Abstand zwischen den beiden aufgeleimten Holzstücken, sägt ein entsprechendes Stück ab und leimt es in die Lücke. Die erste Lage steht jetzt.

g) Diesen Vorgang noch zweimal wiederholen. So entsteht eine Art Kiste, die an drei Seiten geschlossen und zur Vorderseite offen ist.

h) Diese „Kiste“ nach oben mit einer dünnen, aufgeklebten Sperrholzplatte (34 × 24 cm) schließen. Ihr könnt den offenen Eingang noch etwas schmaler gestalten, indem ihr rechts und links zwei passende Dachlattenstücke hochkant hineinklebt.

i) Auf die obere Sperrholzplatte leimt ihr eine weitere Reihe Dachlatten. Das sind wieder vier passende Stücke genau wie beim Rohbau unten.

j) Darauf die nächste Sperrholzplatte (38 × 28 cm) mittig aufkleben. Ringsherum sollten 2 cm Überstand zum darunterliegenden Bauteil sein.

Dann beginnt der Dachaufbau. Die Schablone für die Giebeldreiecke (siehe **CD**) zweimal auf eine dünne Spanplatte legen und jeweils mit einem Bleistift umranden. Anschließend müssen die Dreiecke ausgesägt werden. Vielleicht erlaubt euer Lehrer euch in seinem Beisein eine Stichsäge zu benutzen, ansonsten müsst ihr eine Laubsäge nehmen. Die Dreiecke werden über dem Eingang und an der Rückseite des Tempels oben auf die letzte Reihe der Dachlatten geleimt.

Der Giebel und das umlaufende Dachband

a) Malt den gut getrockneten Rohbau mit weißer Acryl- oder Abtönfarbe komplett an. Der beste Zeichner eurer Kleingruppe überträgt die Maße der Schablone zweimal auf ein Zeichenblatt und skizziert ein Giebelbild. Früher war dieser Platz für die Darstellung von Helden und Göttern vorgesehen. Die wichtigste Figur stand dabei in der Mitte. Die anderen knien, sitzen oder liegen und fügen sich so in die Dreiecksform ein. An den Rändern des Dreiecks können Musterbänder oder Verzierungen eingezeichnet werden.

b) Die Vorzeichnung mit Filzstiften farbig ausgestalten. Die Giebelbilder werden ausgeschnitten und gut aufbewahrt. Gestaltet auch das umlaufende Band von Dachlattenstücken farbig, auf dem die Giebeldreiecke später ruhen.

c) Nehmt die Maße rundherum ab und übertragt sie wieder auf ein Zeichenpapier. Diese vier schmalen Streifen könnt ihr mit farbigen Ornamenten schmücken oder – mit etwas mehr Mühe – erneut mit Heldengeschichten verzieren. Die fertigen Streifen werden ebenfalls ausgeschnitten und mit Flüssigkleber aufgeklebt. Die gezeichneten Giebel ebenfalls aufkleben.

Das Dach und die Säulen

a) Ein Teil eurer Gruppe malt nun die beiden dünnen Sperrholzplatten für das eigentliche Dach an. Ihre Maße sind 34 × 24 cm. Nehmt rote Farbe für das Dach. Die Anderen erledigen die letzten Sägearbeiten.

b) Für die typischen Säulen um das Gebäude herum messt ihr den Abstand zwischen der dritten Bodenplatte und der Dachlatte aus. Sägt von einem hölzernen Rundstab 14 Stücke mit dieser Länge ab. Probiert nach dem ersten Stück, ob es gut in den Zwischenraum hineinpasst oder ob ihr das Maß noch einmal ändern müsst.

c) Malt alle Rundholzstücke weiß an und lasst sie trocknen. Dann werden sie rund um das Gebäude (bis auf den Eingang) oben und unten festgeleimt. Zum Schluss die roten Dachplatten auf die Giebel kleben. Dort, wo sie oben zusammenstoßen, könnt ihr eine ganz kleine Zierleiste anbringen. Was bleibt, sind kleine, aber feine Verzierungen. Das können Goldlackkanten am Dach sein, vielleicht eine kleine Eingangstür oder eine Figur auf dem Dach.

Plastik: Königsmaske

Technik: Relieftechnik
Material: goldene Prägefolie, Kugelschreiber, Zeitungspapier, Schere, Entwurfspapier, Bleistift
Methode: Einzelarbeit

Aufgabe:
Für unsere plastische Aufgabe gehen wir zurück in die Zeit, als die alten Griechen als Volk noch jung waren. Vielleicht kennst du die Geschichten von Odysseus und dem Trojanischen Krieg. Odysseus erlebte mit seinen Gefährten auf einer langen Seereise gefährliche Abenteuer, bevor er nach vielen Jahren wieder nach Hause zurückkehrte – so beschrieben in einem langen Gedicht, die „Odyssee" genannt. Das zweite Epos, die Ilias, beschreibt den Kampf um Troja.

Wenn Könige in jener Zeit starben, wurden sie mit ihren Waffen und kostbaren Schätzen begraben. Auf ihre Gesichter legte man sogenannte Totenmasken aus Gold. Sie waren Reliefs, eine Mischung aus Bild und Plastik. Einige Teile des Gesichtes, wie die Nase, Mund und Augen, wurden von den Handwerkern aus dem Metall herausgetrieben. Dadurch wurden sie dreidimensional.

Stelle eine Totenmaske her.

Jeder von euch erhält eine dünne, goldene Metallfolie und ein DIN-A4-Blatt zum Entwerfen.

a) Zeichne zunächst auf dem Papier eine Maske für einen König oder eine Königin. Das Gesicht sollte nicht zu klein sein und fast die ganze Größe der Folie einnehmen. Auf dem Papier kannst du radieren und verbessern.

b) Den fertigen Entwurf auf die Folie und beides auf eine dicke, gefaltete Zeitung legen. Dann alle Bleistiftlinien mit dem Kugelschreiber noch mal kräftig nachziehen. So überträgt sich das Bild auf die Metallfolie.

c) Mit dem Kugelschreiber alle Linien auf der Folienrückseite so lange nachzeichnen, bis sie auf der Vorderseite gut sichtbar hervortreten. So entsteht das Relief. Wenn du größere Flächen durchdrücken willst, geh mit dem Kugelschreiber hin und her, als ob du die Fläche ausmalen wolltest. Du kannst sie anschließend mit dem runden Ende des Kulis auch noch glattmachen.

d) Zum Schluss schneidest du den Hintergrund um die Maske weg und bist fertig.

Bild: Stabmaske fürs Theater

Technik: Malen und Kleben
Material: Entwurfspapier, weiße Pappe (DIN A3), Bleistift, Wasserfarben, buntes Krepppapier, Klebstoff, Dachlatte oder Rundholz, Tacker
Methode: Partnerarbeit

Aufgabe:
Wir lassen uns vom Theater inspirieren, einem künstlerischen Bereich, der auch auf die Griechen zurückgeht. Riesige Amphitheater (= Rundtheater) mit einer erstaunlich guten Akustik sind erhalten geblieben. Gespielt wurde früher nur mit Masken, die zu den jeweiligen Figuren passten. Die Stimmen der Schauspieler tönten kraftvoll durch die Maske hindurch. Neben den Hauptfiguren gab es einen Chor – tanzend, stampfend, singend und sprechend. In heutigen Inszenierungen tragen die Schauspieler des Chors manchmal eine Art Stabmaske.

Stellt eine Stabmaske her.

Eine Stabmaske ist eigentlich ein gemaltes Bild, das auf einem Holzstab befestigt und so vor das Gesicht gehalten wird. Die Maske kann traurig – für eine Tragödie – oder lustig – für eine Komödie – werden.

a) Zeichnet zuerst einen Entwurf, für den ihr euch gegenseitig Modell sitzt oder euer eigenes Gesicht nehmt. Die Zeichnung muss nicht ähnlich sein. Wichtig ist der Gesichtsausdruck. Wie verzieht sich der Mund? Wie klein oder groß sind die Augen? Wie ist die Stellung der Augenbrauen? Seht genau hin und übertreibt es beim Zeichnen.

b) Den Entwurf auf die Pappe für die Maske übertragen. Die Kopfform wird dadurch viereckig. Fügt die Augen, die Augenbrauen, die Nase und den Mund in das Viereck ein. Dabei dürft ihr ruhig alles noch einmal übertreiben. Ist der lustige Mund beim Entwurf groß, so macht ihn jetzt riesengroß. Stellt euch vor, dass man den Gesichtsausdruck der Maske noch aus 10 Metern Entfernung gut erkennen soll.

c) Zieht die Linien mit einem Pinsel und schwarzer Farbe nach. Wartet bis sie getrocknet sind. Füllt die Flächen des Gesichtes mit hellen, leuchtenden Farben aus. Das muss nicht Hautfarbe sein. Alles geht, was leuchtet.

d) Aus einem weiteren Stück Pappe entwerft ihr zwei gut sichtbare Ohren. Schneidet sie aus und malt sie ebenfalls passend an. Nun klebt ihr sie an die Seiten des viereckigen Gesichtes. Wenn ihr buntes Krepppapier habt, könnt ihr noch Haare ausschneiden und oben an der Maske festkleben.

e) Als letztes einen hölzernen Rundstab oder eine Dachlatte nehmen, die etwa so lang ist wie ihr groß seid. Den Stab oder die Latte schwarz anmalen, daran die Maske gut festkleben oder mit einem Tacker befestigen. Jetzt ist die Maske fertig für den Auftritt.

Zeittafel

ca. 400 v. Chr. bis ca. 400 n. Chr.

Die Kultur

Das Römische Reich war das größte und mächtigste, das es zur Zeit der Antike in Europa gegeben hat. Der kleine Stadtstaat Rom dehnte sich durch unterschiedliche Bündnisse und durch militärische Gewalt immer mehr aus. Das Römische Reich erfasste auf seinem Höhepunkt, um 220 n. Chr., große Teile der damaligen bekannten Welt in Europa, Afrika und Vorderasien. Die Römer verehrten viele Götter, lebten aber ganz im Diesseits. Die ganze Kultur war auf das praktische Funktionieren des Staatswesens ausgerichtet. Die Römer waren politisch und militärisch begabt. Es waren „gute" Soldaten, Verwalter und Herrscher, die zusammen ihr größtes Kunstwerk schufen: den Staat.

Die technischen Errungenschaften, das riesige Straßennetz, die Bauwerke, die gesamte Kunst – alles diente politischen, militärischen und wirtschaftlichen Interessen. Den eroberten Gebieten und Völkern brachten die Römer ihre lateinische Sprache, die von den Griechen übernommene und weiterentwickelte Kunst und ihr Verwaltungswesen. Die Überreste der römischen Kultur finden wir noch heute überall in Europa.

Die Kunst

Die ersten 400 Jahre basierte die römische Kunst auf Kopieren. Die Kunstschaffenden nutzten dafür griechische, orientalische und etruskische Kunstwerke (Etrusker = Vorgängerkultur der Römer im heutigen Italien) als Vorlage. Erst danach lernten sie, sich davon zu lösen und einen eigenen Ausdruck zu entwickeln. Als das Christentum im Jahre 312 n. Chr. Staatsreligion im römischen Reich wurde, war die künstlerische Blütezeit schon zu Ende.

Da die gesamte römische Kunst der Huldigung der Staatsmacht diente, ließen die Kaiser große Repräsentationsbauten errichten. Die römische **Architektur** diente den Mächtigen.

Neben den Tempeln, die Abwandlungen der griechischen Weihestädten waren, schufen sie eine Reihe von bedeutenden Profanbauten (Gebäude mit nicht religiösen, weltlichen Zwecken): Amphitheater, Gerichts- und Markthallen, Thermen, Aquädukte und Triumphbögen.

Die römische **Plastik** war weltlich orientiert. Den Römern bedeutete die greifbare Wirklichkeit mehr als Mythologie (Göttergeschichten), Religion und Philosophie. Deshalb entwickelte sich bei den Skulpturen vor allem das Ahnenbild oder die Portraitbüste. Das waren machtvolle Abbilder der dargestellten Personen, die im gesellschaftlichen Leben eine wichtige Rolle spielten. Die überall im Reich verteilten Büsten des jeweiligen Kaisers sorgten symbolisch für seine allgegenwärtige Präsenz und machten ihn auf diese Weise bei der Bevölkerung bekannt.

Bei den **Bildern** hat man Wandgemälde (Fresko = Malerei auf feuchtem Putz), Mosaike und Ahnenbilder gefunden. Die Paläste und Häuser der Reichen wurden mit großflächigen Wandgestaltungen ausgestattet. Die Themen waren sowohl mythologische als auch alltägliche Szenen. Sie waren oft sehr natürlich mit einer illusionistischen Wirkung gemalt, wie z. B. eine täuschend echte Darstellung eines Fensters mit einem Ausblick auf eine Landschaft.

Architektur: Brücke

Technik: Modellbau
Material: Zeichenblock, Bleistift, Schuhkarton, langes Lineal, weiße Pappe (DIN A3), Wasserfarben, Pinsel, Schere, Kleber, schwarzer Filzstift
Methode: Gruppenarbeit (4–5 Personen) für mehrere Gruppen

Aufgabe:
Die Römer waren große Baumeister. Sie schufen mit dem Pantheon das Gebäude mit der größten Kuppel der damaligen Zeit. Ihr Erfolg als Weltmacht basierte aber vor allem auf einer klugen und fortschrittlichen Organisation und Verwaltung des Riesenreiches. Damit es überhaupt zu kontrollieren war, musste ein sehr gutes Straßennetz geschaffen werden. So konnte man die Waren aus allen Teilen des Reiches nach Rom bringen. Gleichzeitig gelangten römische Soldaten möglichst schnell in „Krisengebiete".

Die Straßen waren eine technische Meisterleistung, denn sie überwanden sogar Täler und Flüsse. Die Natursteinbrücken der Römer besaßen runde Bögen, die Gewichte sehr gut ausgleichen konnten. Sie wurden so gut konstruiert, dass etliche Brücken noch heute bestehen und genutzt werden. Eure Aufgabe:

Baut ein Brückenmodell der Römer.

Jede Gruppe erhält dafür einen Karton mit einem Deckel. Am besten eignen sich gleich große Kartons, z. B. Schuhkartons, damit sie später als Brücke zusammenpassen.

a) Der Karton soll in der Länge beklebt werden. Daher die Oberfläche und die beiden Seitenteile des Deckels mit einem langen Lineal ausmessen.

b) Da die Kartons mit den beiden Kopfteilen aneinandergesetzt werden, brauchen diese nicht beklebt zu werden. Außer am Anfang und am Ende der Brücke. D. h., zwei Kleingruppen haben etwas mehr Arbeit, weil sie jeweils ein Kopfteil des Kartons und des Deckels ausmessen müssen.

c) Ihr müsst folgende Dinge klären: Wie groß ist die Oberfläche des Deckels, wie groß sind seine Ränder? Wie groß sind die zwei Seitenteile des Kartons? Wie groß sind die beiden Kopfseiten des Kartons? Jeder Schüler übernimmt das Ausmessen eines Brückenteiles und überträgt sie auf seinen Zeichenblock.

d) Zeichnet römische Natursteine auf die jeweiligen Flächen. Wenn ihr die Oberfläche des Deckels bearbeitet, die eigentliche Fahrbahn der Brücke, zeichnet ihr viereckige Steinplatten mit leicht abgerundeten Ecken nebeneinander. In „Asterix"-Heften sind die gut zu sehen. Auf die Seitenteile zeichnet ihr Rundbögen und Steine, die die Rundung mitmachen.

e) Jeden Stein mit einer anderen Natursteinfarbe ausmalen. Dazu die dunklen Farben des Malkastens nehmen und die leuchtenden Farben mit Schwarz trüben. Das Innere der Rundbögen ganz schwarz ausmalen.

f) Nach dem Trocknen alle Steine mit einer dunklen Linie (Filzstift) umranden. Dann die bemalten Teile des Zeichenblockblattes ausschneiden und an die passenden Stellen kleben. Kleine Lücken mit schwarzer Farbe füllen.

g) Zuletzt die Brücke beleben: mit Menschen und Fahrzeugen, die ihr aufmalt, ausschneidet und mit Klebelaschen verseht, die auf die Brücke geklebt werden. Die Menschen werden bunt bemalt, die Klebelaschen in den Farben der Brücke.

Zum Schluss werden alle Bauteile zu einer langen Brücke zusammengestellt.

Plastik: Herrscherbüsten

Technik: Fotografie und Zeichnung
Material: heller Stoff, Fotoapparat, Fotokopierer, Schere, Klebstoff, Bleistift, schwarzer Filzstift oder Kugelschreiber
Methode: Einzelarbeit und/oder Gruppenarbeit

Aufgabe:
Die Römer liebten die Skulpturen der eroberten Griechen und nahmen sie mit nach Rom, um sie dort weiterzuentwickeln. Besonders wichtig waren ihnen die Statuen der herrschenden Kaiser, die überall im Reich verteilt wurden und dafür sorgten, allen Bewohnern klarzumachen, wer der „Chef im Hause" war. Wenn eine aufwendig gemeißelte Ganzkörperstatue zu teuer war, tat es auch eine Büste. Das ist eine Art dreidimensionales Brustbild auf einer Säule. Wichtig war dabei, dass der hohe Status eines Herrschers oder einer Herrscherin sichtbar wurde. Der Blick und der gesamte Gesichtsausdruck sollten dies zeigen.

Entwirf eine Herrscherbüste.

a) Überlege zuvor: Welchen Gesichtsausdruck hat diese mächtige Person? Wohin richtet sich der Blick – nach oben zu den Göttern oder zielgerichtet und ernst in die Augen der Untertanen?

b) Fotografiert euch gegenseitig in der Klasse. Dafür benötigt man eine helle Wand als Hintergrund. Davor stellt sich jeweils ein Schüler und wirft sich ein helles Stück Stoff um die Schultern, denn die reichen Römer trugen Togas. Er/sie nimmt dabei genau den geplanten Gesichtsausdruck an. Es soll nur ein Brustbild gemacht werden.

c) Lass einen Schwarz-Weiß-Ausdruck deines Fotos erstellen. Farbige Abzüge auf Fotopapier können zur Weiterbearbeitung mit dem Kopierer vergrößert werden.

d) Schneide das Brustbild aus und klebe es in die Mitte eines Zeichenblatts.

e) Zeichne mit dem Bleistift ein Stück einer Säule unter dein Brustbild. Du kannst dabei die Linien des Faltenwurfs deines Umhanges ein Stück weiterzeichnen, um alles dann in eine Säule übergehen zu lassen.

f) Wenn du kannst, füge jetzt Schattierungen hinzu, um das Ganze dreidimensional aussehen zu lassen.

g) Betone oder verändere auch Teile deines Gesichtes, wenn es dir gefällt. Setz deiner Büste z. B. eine Krone auf.

Bild: Theatermosaik

Technik: Fotocollage
Material: Fotoapparat, Theaterschminke, evtl. Masken, Pinsel, Fotokopierer, Pappe, Bleistift, großes Lineal, Schere, Klebstoff
Methode: Einzelarbeit

Aufgabe:
Ähnlich wie bei den Griechen trugen römische Schauspieler Masken. Die Abbildungen solcher Masken kennen wir u. a. von Mosaiken, die römische Wände schmückten, Bildern, die aus kleinen Steinchen zusammengesetzt wurden. Auch die Theater im alten Rom waren mit Mosaiken geschmückt. Diese zeigten Szenen und Gegenstände aus dem Theater, zum Beispiel die Masken der Schauspieler.

Erstelle ein Papiermosaik einer Theatermaske.

a) Überlege dir eine Art Gesichtsverkleidung. Ziel ist es, ein Foto davon aufzunehmen.

b) Es gibt mehrere Möglichkeiten:
- schminken mit Theaterschminke,
- selbstgemachte oder gekaufte Masken einsetzen,
- die Gesichtsbemalung mit Halbmasken kombinieren,
- Hüte, Mützen, Brillen oder Schals benutzen.

c) Die Fotos farbig ausdrucken

d) Drehe das Bild um und zeichne mit Bleistift und einem langen Lineal auf die Rückseite ein Gitternetz mit kleinen Quadraten. Dafür die Abstände genau ausmessen (z. B. immer 2 × 2 cm).

e) Die Kästchen durchnummerieren. Alles auseinanderschneiden.

f) Wähle ein großes farbiges Stück Papier, das einen schönen Farbkontrast zu den Farben deines Fotos bildet. Nun klebst du jedes einzelne, kleine Quadrat in der richtigen Reihenfolge deiner Nummerierung auf. Dabei lässt du immer ein paar Millimeter nach allen Seiten Platz.

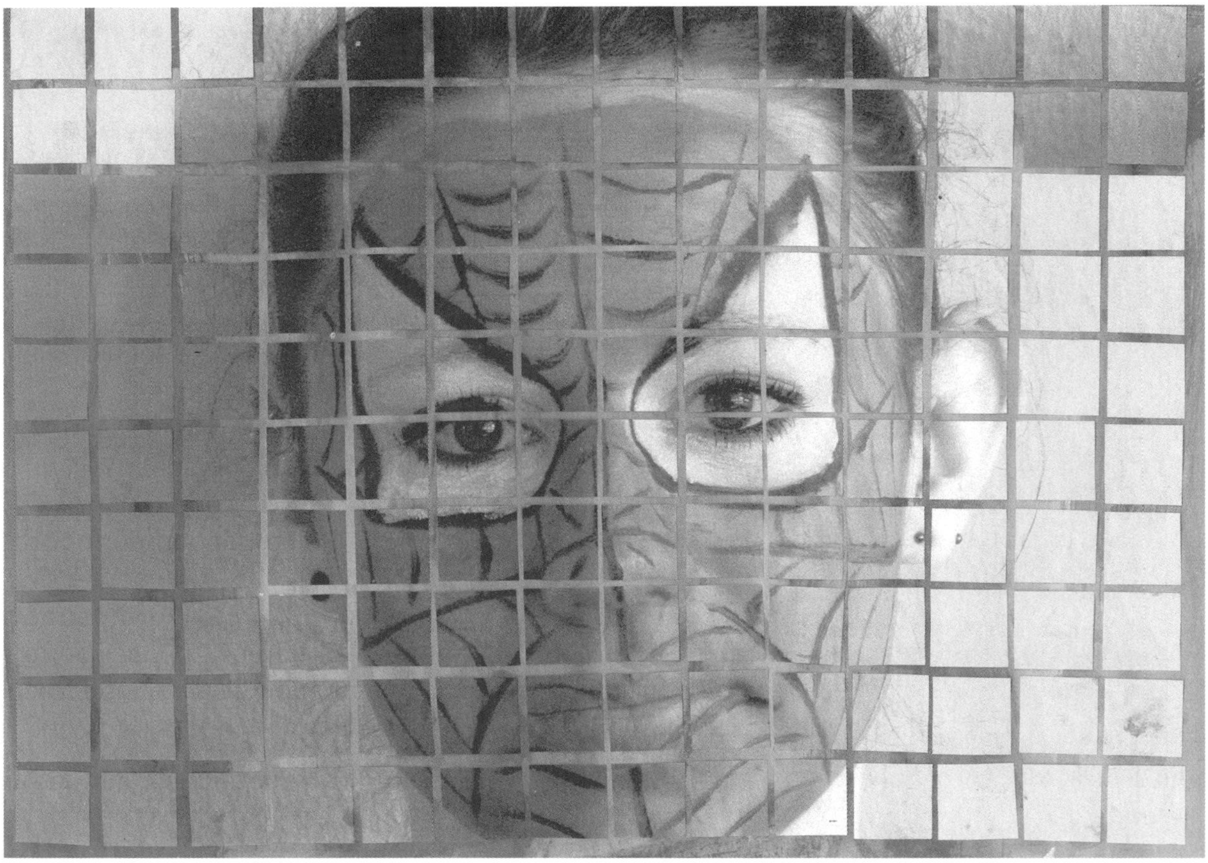

Zeitraum

ca. 2000 v. Chr. bis heute

Die Kultur

Die jüdische Kultur ist eng mit ihrer Religion verbunden. Begonnen hat alles mit Abraham, der auch im Christentum und Islam eine Rolle spielt. Er lebte vor rund 4000 Jahren als Chef eines Clans von Wanderhirten, zog im Zweistromland umher und kam dabei auch in das „Land Kanaan“, das heutige Palästina. Mit Abraham kam etwas Neues in die Welt: Er glaubte an einen einzigen Gott. Abrahams Enkel Jakob nannte man später „Israel“. Deshalb spricht man bis heute vom „Volk Israel“.

Die nach Oberägypten eingewanderten Nachkommen Jakobs wurden dort versklavt und ausgebeutet. Abrahams Nachfahre **Moses** führte das Volk Israel zurück in die Freiheit und nach Kanaan. Gott schloss durch Moses einen Bund mit dem Volk Israel, indem er Moses auf dem Berg Sinai die Thora überreichte, die Gesetze für jeden Aspekt des jüdischen Lebens festlegt. Moses galt von nun an als Stifter der jüdischen Religion.

Ein Kennzeichen der jüdischen Religion ist bis heute das Verbot, Gott in der Gestalt und mit dem Gesicht von Menschen darzustellen. Man kann und darf Gott nicht abbilden – es genügt, ihm zu trauen, ihn zu hören und ihn anzusprechen. In einem tragbaren „Zelt der Begegnung“, das Moses herstellen sollte, wollte Gott mitten im Volk wohnen. Dieses Heiligtum sollte reich geschmückt sein. Von da an gehörten Architektur, Kunst und Kunsthandwerk mit zur jüdischen Religion.

Die frühen jüdischen Sakralbauten waren Tempel. Doch dann gab es einen großen Rückschlag: Die Babylonier eroberten Jerusalem, vernichteten 960 v. Chr. den dortigen Tempel und zwangen die führenden Schichten des jüdischen Volkes, nach Babylon umzusiedeln. Ein zweiter Tempel wurde später von den herrschenden Römern zerstört, wieder wurden die Juden aus Palästina vertrieben. Von nun an bauten sie nur noch Synagogen. Dort studierten die Gelehrten, die Rabbiner, die heiligen Schriften. In den Gemeinden ging die Führung von den Priestern auf die Rabbiner über, denn für den Zusammenhalt eines zerstreut lebenden Volkes wurden seine heiligen Bücher immer wichtiger.

Den Kern der jüdischen Bibel bilden die fünf Bücher Mose, die Thora („Weisung“) im engsten Sinn. Auch die Bücher der Propheten („Verkünder“), der Psalmen (religiösen Lieder) und der Weisen gehören zur jüdischen Bibel. In den Jahrhunderten vor und nach unserer Zeitrechnung wurden die Diskussionen der Gelehrten über die vielen Alltagsprobleme der Menschen im Talmud („Studium“, „Lernen“) gesammelt und aufgeschrieben.

Im Mittelalter erlebte die jüdische Kultur eine sehr wechselhafte Behandlung in den verschiedenen Ländern, in denen Juden lebten. Immer wieder erfuhren sie Feindschaft, Diskriminierung, Vertreibung, Verfolgung und Ermordung. Einerseits wurden sie aufgrund ihrer vielfältigen Fähigkeiten gebraucht, andererseits wurden sie von den Mehrheitsgesellschaften in Europa zu Sündenböcken gemacht. In Spanien und Portugal unter den herrschenden Muslimen genauso wie im christlichen Norden. Zwar schätzen die Machthaber ihre weltweiten Kontakte und ihre Sprachkenntnisse, dennoch wurden sie schließlich massiv bedroht, weil sie sich nicht anpassten. Glichen sie sich jedoch zu sehr den gastgebenden Kulturen an, dann gerieten sie in Gefahr, den Kern ihrer Überzeugungen, ihre Identität, zu verlieren. Deshalb ist es gar nicht so leicht zu sagen, was typisch jüdische Kultur und Kunst ist. Das jüdische Leben war immer durch die Spannung zwischen Eigenständigkeit und Angleichung geprägt.

Für die Juden begann die Neuzeit mit der Loslösung der USA von England, mit der französischen Revolution von 1789 und mit der schrittweisen rechtlichen Gleichstellung in anderen Staaten Westeuropas. Nun wurden auch Nicht-Christen nach und nach zu gleichberechtigten Staatsbürgern. Dies war ein großer Fortschritt für das jüdische Leben. Sie konnten ihre Kultur, z. B. in Form von prächtigen Synagogen, öffentlich zeigen. Jüdische Kunst- und Kulturschaffende gestalteten in allen Sparten der Künste das europäische Leben mit. Aber gleiche Rechte auf dem Papier bedeutete noch nicht gleiche Rechte in Wirklichkeit. Es kam wieder zu judenfeindlichen Ausschreitungen und Pogromen, oft sogar mit dem Segen der Kirche. Viele Juden wanderten nach Nord- und Südamerika aus.

Am schlimmsten war die Verfolgung im nationalsozialistischen Deutschen Reich. Als die deutschen Juden immer stärker ausgeraubt, entrechtet und verfolgt wurden, flohen viele ins Ausland, bevor Deutschland ganz Europa überfiel und die systematische Ermordung möglichst aller Juden Europas (hebräisch Shoah, „Untergang") in Gang setzte. Das nationalsozialistische Deutschland und seine Helfershelfer brachten etwa 6 Millionen Juden ums Leben und vernichteten große Teile der jüdischen Kultur in Europa.

Das jüdische Leben in der Moderne ist vielfältig. Viele Juden leben nach wie vor in der „Diaspora", d. h. verstreut in vielen Ländern, die meisten von ihnen in den USA. Doch seit 1948 existiert der Staat Israel. Seitdem blüht wieder jüdisches Leben und jüdische Kultur in einem eigenen Land. Auch in die heutigen europäischen Demokratien ist jüdische Kultur zurückgekehrt und bereichert das religiöse und kulturelle Leben. In Palästina jedoch lassen die kriegerischen Auseinandersetzungen zwischen Israel und seinen arabischen Nachbarstaaten keinen wirklichen Frieden zu. Die Frage, wie das gemeinsame Leben von Israelis und Palästinensern friedlich geführt werden kann, ist bis heute nicht gelöst.

Die Kunst

Was ist jüdische Kunst? Das ist gar nicht so leicht zu sagen. Macht jeder Künstler, der zum jüdischen Volk gehört, schon dadurch bereits jüdische Kunst – egal, wie nahe er seiner jüdischen religiösen Tradition steht? Oder sind es die jüdischen Bildinhalte, die ein „jüdisches Kunstwerk" ausmachen? Oder nur das, was im jüdischen Leben eine religiöse Funktion hat? Wir werden in den nachfolgenden Texten alle drei Aspekte behandeln.

Die Architektur

Die passende sakrale (= religiöse) Architektur für ein Nomadenvolk zur Zeit Moses war ein tragbares Zelt. Nachdem die Juden in Palästina sesshaft geworden waren und ein Königreich entstehen konnte, errichteten sie folgerichtig feste Gebäude wie Tempel, Paläste und feste Häuser. Die Häuser hatten meist vier Räume und waren zum Schutz vor Angreifern oft in Reihen gebaut.

Im Tempel des Salomon in Jerusalem wurden durch eine hierarchisch geordnete Priesterschaft Opferrituale durchgeführt. Man gelangte dabei von weniger heiligen Bereichen zum Allerheiligsten, das nur vom Hohepriester betreten werden durfte. Dort stand im Gegensatz zu anderen alten Religionen kein Bild Gottes, sondern die tragbare Bundeslade mit den Tafeln mit den „Zehn Worten". Dort, so glaubte man, ist Gott zwischen zwei geflügelten Wesen unsichtbar anwesend.

Nach der Zerstörung der Tempel und der Zerstreuung des Judentums in alle Welt (70 n. Chr.) fand das Judentum eine neue, zukunftsweisende Form des Überlebens und ihren Ausdruck in der Architektur: die Synagoge (das griechische Wort heißt „Ort, an dem man zusammenkommt"). Zunächst war die Synagoge ein Mehrzweckbau, der sich an römischen Profanbauten orientierte. Diese Gotteshäuser erfüllten drei Funktionen: Haus der Versammlung, Haus des Lernens und Haus des Betens. Deshalb entwickelten sich die Synagogen häufig zu einem Gebäudekomplex mit Gebetshaus, Schule, Ritualbad, Bibliothek und einem koscheren Restaurant.

Anstelle des Tempelkultes mit seinen rituellen Tieropfern traten das Gebet der versammelten Gemeinde und das Studium. Der äußere Stil der Architekturformen wechselte daher im Laufe der Zeit. Zunächst waren die Synagogen von außen kaum zu erkennen. Sie passten sich mehr oder weniger dem Stadtbild an. Je deutlicher sie zu erkennen waren, desto toleranter war die Umgebung. Das typisch Jüdische der Synagogen wird bis heute durch den Innenraum definiert. Er wird fast immer durch drei architektonische Elemente geprägt: Die Gläubigen versammeln sich um ein Pult, die erhöhte Kanzel (der Almemor). Diese ist im Laufe der Zeit in die Mitte verlegt worden. Der heilige Schrein (Aron ha-Kodesch), der die heilige Thora, die biblischen Schriftrollen, enthält, wurde dagegen an eine Wand verlegt, die nach Jerusalem zeigt. Das dritte Merkmal ist die Frauenempore, denn Männer und Frauen saßen früher immer getrennt. Heute ist das teilweise anders.

Nach der rechtlichen Gleichstellung der Juden in Europa im 19. und 20. Jahrhundert kam es vermehrt zu Synagogenbauten, die als neue Wahrzeichen jüdischer Präsenz das jeweilige Stadtbild prägten. Die Juden wurden in ihrer Berufswahl nicht mehr so eingeschränkt wie früher und konnten selbst als Architekten arbeiten.

In Deutschland entstanden Bauten in drei Stilvarianten. Die Synagogen mit neo-islamischen Stilelementen betonten selbstbewusst die alten orientalischen Wurzeln. So demonstrierten die Gemeinden ihre neue gesellschaftliche Unabhängigkeit. Einige Synagogen griffen moderne Baustile auf, wie den Bauhaus-Stil. Andere Synagogen wurden mehr mit abendländischen Bauformen gestaltet: Sie wirkten wie romanische Synagogen-Kirchen. Damit wurde betont, dass Deutschland für die deutsche Juden zum Gelobten Land geworden war. Dieser Traum währte nicht sehr lange. 1938 brannten die Synagogen in der sogenannten Reichspogromnacht nieder und fast alles wurde zunichte gemacht, die Juden verfolgt und umgebracht.

Das jüdische Leben und die Architektur entwickelten sich in anderen Ländern weiter, wie in den USA und Israel. Es entstanden neue Synagogen, die modern, repräsentativ und innovativ gestaltet sind. Am bedeutendsten sind vielleicht die vielen, nach dem Krieg entstandenen Museumsbauten, die als Gedenkstätten das jüdische Leben dokumentieren sollen und mithelfen, das Trauma der Shoah zu verarbeiten. Das Jüdische Museum vom Daniel Liebeskind in Berlin zum Beispiel löst allein als Gebäude eine starke Betroffenheit bei den Besuchern aus. Gleiches gilt für Yad Vashem, die Holocaust-Gedenkstätte in Israel.

Die Plastik

In vielen antiken Kulturen war es üblich, Götter durch Statuen in Menschengestalt darzustellen und zu verehren. Die Juden lehnten keineswegs jede Herstellung von Bildern oder Plastiken ab. Aber sie verboten Bilder und Plastiken, die in irgendeiner Weise rituell, also zur Verehrung Gottes, benutzt werden konnten. Sie duldeten kein Kunstwerk, das das Göttliche irgendwie stofflich darstellen sollte. Eine solche Darstellung hätte aus Gott einen Götzen gemacht, und das ist in jüdischer Sicht ein Verbrechen Gott gegenüber. Im Tempel Salomos gab es also durchaus naturgetreue Plastiken, wie Löwen, Blumen, Bäume, Früchte und geflügelte Wesen. Auch in Synagogen gab es zeitweise derartigen Schmuck, jedoch niemals ein Abbild Gottes.

Im Mittelalter wurde vor allem Kunsthandwerk hergestellt. Es waren Kunstgegenstände, die im Gottesdienst benutzt wurden und damit der Verehrung Gottes dienten. Sie wurden aus wertvollen Materialien angefertigt.

Die Herstellung von jüdischen Kunstprodukten wurde teilweise stark eingeschränkt. In einigen Gebieten konnten Juden selber als Silberschmiede arbeiten, in anderen wurde es ihnen verboten. Ein typischer Kunstgegenstand ist der Jad, ein silberner Zeigestab, der bis heute beim Lesen der Thora verwendet wird, um die heilige Schrift nicht mit dem eigenen Finger zu verunreinigen.

Die jüdische Kunst definiert sich zum großen Teil durch ihre religiöse Funktion. Aber gibt es auch einen eigenen jüdischen Kunststil wie die Romanik oder Gotik im Christentum?

In weiten Teilen der Geschichte war dies kaum möglich, da die Juden als Minderheiten in verschiedenen Ländern lebten. Dadurch übernahmen sie viele Anregungen aus den Kunststilen der Einheimischen. Dies änderte sich erst in der sogenannten Moderne, in der jüdische Künstler, wie zum Beispiel Jaques Lipchitz und Sol Le Witt, Plastiken mit jüdischen Inhalten schufen, die als politisches Mahnmal zu verstehen waren – und sind.

Die Bilder

Die Ansicht, dass Juden aufgrund des biblischen Bilderverbots keine Bilder geschaffen haben, ist durch Ausgrabungen widerlegt worden. Man hat in altjüdischen Gebäuden sowohl reich verzierte Mosaike als auch Wandmalereien entdeckt. In Syrien wurde eine antike Synagoge gefunden, deren Wände mit biblischen Szenen bemalt sind, geschmückt mit römischen und persischen Stilelementen. In einer anderen Synagoge aus dem 6. Jahrhundert finden wir Fußbodenmosaike, die neben religiösen Figuren sogar Tierkreiszeichen zeigen.

Grundsätzlich kann man festhalten: Es gibt gar nicht „das" Judentum. Es ist ebenso wie alle anderen Religionen vielfältiger und spannender als man zunächst meint. Unter dem Dach der jüdischen Religion gibt es eine große, religiöse und künstlerische Vielfalt.

Ein weiteres Gebiet der Malerei ergibt sich daraus, dass die Juden als ein Volk des Buches gelten. So wird Büchern und der Schrift großer Respekt entgegengebracht, besonders der Thora. Sie ist eigentlich kein Buch, sondern eine handgeschriebene Pergamentrolle, die nie verziert wurde.

Alle heiligen Texte in Buchform konnten und können jedoch mit religiösen Malereien versehen werden. So entwickelten sich im Mittelalter und der Neuzeit eine typische jüdische Buchmalerei und Schriftkunst. Die Stile waren unterschiedlich, je nach der Gegend, aus der die Bücher kamen. Zum Beispiel waren die spanischen Bücher eher mit ornamentalen Mustern versehen, weil sie durch den Islam beeinflusst waren. In anderen Büchern gibt es figürliche Darstellungen von Menschen, Tieren und Pflanzen. Sie wurden gemalt oder gedruckt. Besonders häufig wurde die sogenannte Haggada (= Buch, aus dem beim Festmahl gelesen wird) illustriert.

Die hebräische Schrift wurde selbst zum Kunstwerk, zum Schrift-Bild. In den handgeschriebenen Manuskripten konnte das erste Wort einer Seite bildhaft verziert werden. Dann gab es ganze Seiten, auf denen die groß gemalten Buchstaben einiger Wörter selbst aus Lebewesen zusammengesetzt wurden. Bei einer dritten Variante wurden die Linien, die beispielsweise einen Arm oder einen sitzenden Mann darstellten, aus fortlaufenden Texten gebildet.

In der Moderne begannen Juden zunehmend, sich künstlerisch auszudrücken. Endlich war es für sie möglich, alle Berufe zu ergreifen, weil sie als Bürger nun gleichberechtigt waren. Jetzt konnten sie mit ihren Kunstwerken auch viel mehr Anerkennung in der Öffentlichkeit finden. Im 19. Jahrhundert trugen jüdische Maler erstmals mit Erfolg in den jeweils vorherrschenden Kunststilen zu den bildenden Künsten bei. **Josef Israels** wurde in Holland als neuer Rembrandt gefeiert. Er arbeitete im impressionistischen Stil, ebenso wie sein berühmter Freund, der Berliner **Max Liebermann**.

Judentum – Einheit und Vielfalt

Zu Beginn des 20. Jahrhunderts malten zwei jüdische Freunde, **Amedio Modigliani** und **Chaim Soutine**, in Paris im expressionistischen Stil. Jüdische Themen standen nicht im Vordergrund, aber sie waren mit ihren kulturellen Wurzeln verbunden. Heute gehören sie zu den Großen der Klassischen Moderne.

Der berühmteste Künstler war **Marc Chagall**. Er gilt als der große jüdische Maler seiner Zeit. Er bearbeitete unzählige jüdische Themen in seinem ganz eigenen fantasievollen Stil. Dabei bezog er sich sowohl auf die russische Volkskunst als auch die aktuellen Strömungen der Moderne.

Die Künstlergeneration nach dem 2. Weltkrieg hatte andere Themen. Sie musste zwei geschichtliche Ereignisse künstlerisch verarbeiten: den furchtbaren Völkermord an den Juden und die Neugründung des Staates Israel. Sie arbeiteten an der Schaffung einer neuen jüdischen Identität mit.

Viele Juden wanderten – auch schon vor dem Zweiten Weltkrieg – nach Amerika aus. Zwei besondere Vertreter dieser lebendigen Kunstszene waren der Maler und Bildhauer **Barnett Newman** und der Maler **Marc Rothko**. Newman wurde mit völlig gegenstandslosen Bildern berühmt, die zu dem abstrakten Gottesbild passen. Man sieht ihnen nicht sofort an, dass sie sich teilweise auf die mystische jüdische Tradition beziehen. Nur die Bildtitel verraten uns dies. Rothko wurde weltbekannt mit seinen ausdrucksstarken Farbkompositionen.

Judentum — Praxis

Bild: Schriftkunst

Technik: Schreiben und Zeichnen
Material: Zeichenblock (DIN A4), Bleistift, Fineliner
Methode: Einzelarbeit

Aufgabe:
Kalligrafie ist die Kunst des Schreibens – des schönen Schreibens. Da die Juden schon immer Liebhaber von Büchern waren, ist es kein Wunder, dass diese Kunst gerade in der jüdischen Kunst in vielfältiger Form entwickelt wurde. Für unsere praktische Arbeit interessiert uns eine besondere Form der Buchillustration. Es handelt sich um eine interessante Verbindung von Schrift und figürlicher Darstellung. Die Form eines Vogels auf der Abbildung wird z. B. aus den Wörtern eines fortlaufenden Textes gebildet. Seinen Kopf machen die Worte „die Schönheit meiner Gedanken“ aus, wobei das „G“ gleichzeitig das Auge darstellt. In den Schwanzfedern finden sich die drei Begriffe „innere Stärke“, „Vertrauen“ und „Sicherheit“. Deine eigene Figur solltest du auf jeden Fall mit einfachen Linien vorzeichnen. Unwichtige Einzelheiten dabei weglassen!

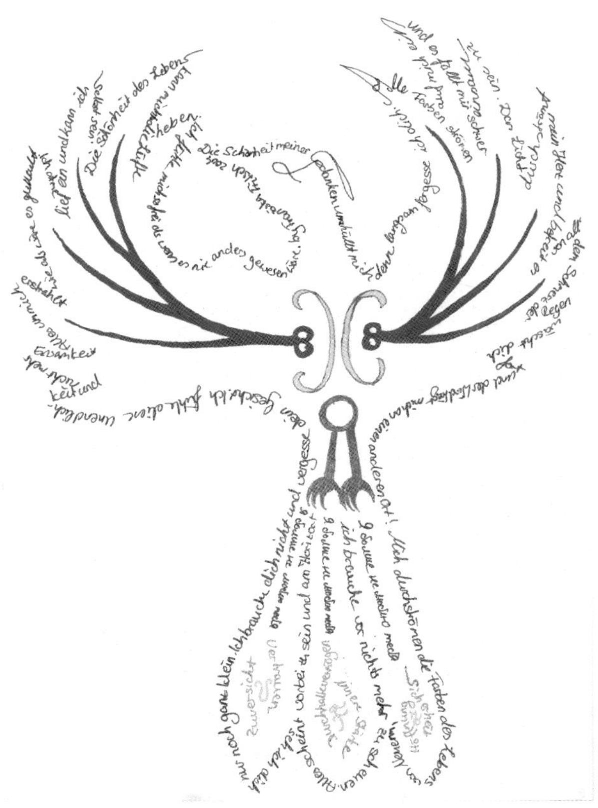

Gestalte ein Kunstwerk, das einen Text illustriert.

Die Darstellung sollte etwas mit dem Inhalt des Textes zu tun haben. Dadurch erhält das Kunstwerk eine zusätzliche symbolische Bedeutung.

Judentum – Einheit und Vielfalt

a) Suche einen kurzen poetischen Text, den du gestalten willst. Es kann ein Gedicht oder eine Liedstrophe sein, aber auch ein eigener Text.

b) Finde eine gegenständliche Form (ein Symbol), die zu dem Text passt. Zeichne diese mit wenigen, feinen Strichen mit Bleistift auf ein DIN-A4-Blatt.

c) Schreibe den Text entlang der Linien mit einem Fineliner in schöner Schrift.

d) Gestalte ihn farbig, wenn du willst. Nimm jedoch nicht zu viele Farben, da die Form hier im Vordergrund stehen soll.

e) Die Bleistiftlinien zum Schluss vorsichtig wegradieren.

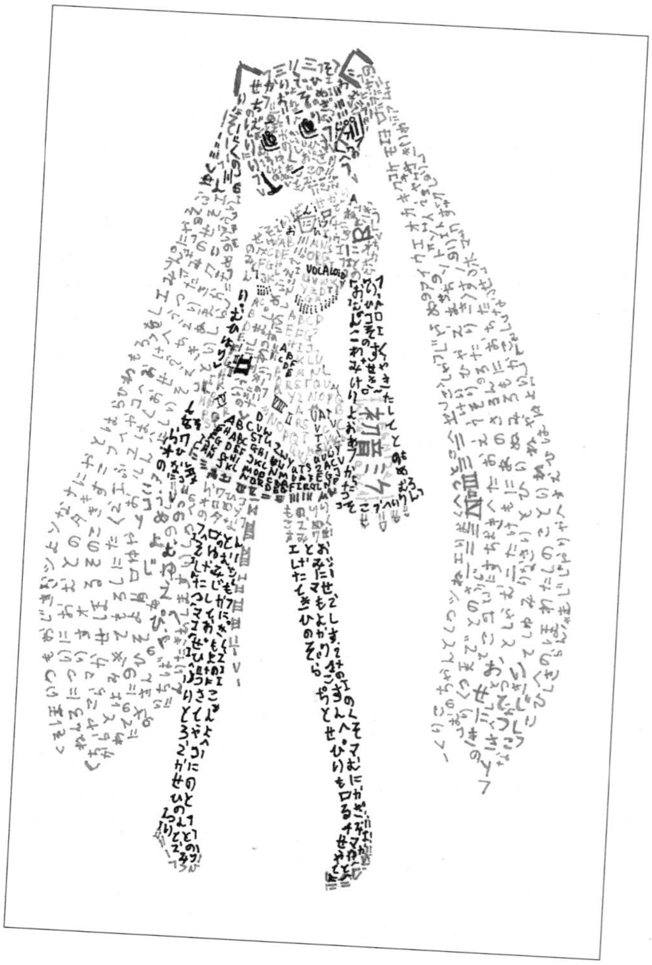

Zeitraum

Frühchristliche Kultur ca. 380–553 n. Chr.
Byzantinisches Reich ca. 330–1453 n. Chr.

Die Kulturen

1. Die Frühchristliche Kultur

Der Übergang von der antiken Kultur im Abendland in die christlich geprägte frühmittelalterliche Kultur verlief anders als kulturelle Übergänge zuvor. Häufig wurden hoch entwickelte Kulturen durch militärische Gewalt erobert, wie die Griechen durch die Römer. Die frühen Christen waren im alten Rom stark verfolgt worden, weil sie nicht dem göttlichen Kaiser huldigen wollten. Viele der im Kolosseum getöteten Christen wurden zu Märtyrern. Dies löste das Gegenteil von dem aus, was die Machthaber wollten: Die Verfolgung schuf Sympathie für die Opfer. Dadurch erhielt die neue Religion weiteren Zulauf. Im Jahre 313 n. Chr. wurde das Christentum schließlich legalisiert und im Jahr 380 römische Staatsreligion.

Der Übergang von der Antike in die frühchristliche-frühmittelalterliche Kultur war fließend und langsam. Vieles aus der sogenannten alten Welt wurde zunächst beibehalten, übernommen oder im Sinne der christlichen Religion verändert.

In den Jahren zwischen 375–568 n. Chr. kam es in Europa zu einer großen Völkerwanderung. Darin ging das weströmische Reich unter. Die Kultur entwickelte sich im oströmischen Reich weiter. Die unruhigen Zeiten im Westen führten dazu, dass es nur wenige große Kunstproduktionen gab. Im Jahre 330 n. Chr. wurde die Hauptstadt des römischen Reiches von Rom in den Osten nach Byzanz (heute Istanbul) verlegt. Das oströmische Reich entwickelte sich stark und wurde kulturbestimmend.

Die Kunst

Aus der Zeit der ersten drei Jahrhunderte, der Verfolgungszeit der Christen, gibt es nur wenige Kunstwerke. Beim Wechsel von der antiken, griechisch-römischen Kunst zur frühchristlichen Kunst bewegt sich das große Pendel wieder von einem Extrem zum anderen. War die Kunst der Römer ganz auf die weltliche Verherrlichung der Kaiser und des Staates ausgerichtet, hatten die Christen nur Interesse am Ausdruck innerer, religiöser Themen. Die benachteiligten Volksgruppen des römischen Reiches waren besonders angezogen von der neuen Religion. Ihre Kunst war nicht auf das Diesseits, sondern das Jenseits – das Reich Gottes, ihr Paradies – ausgerichtet. Die Künstler knüpften nicht an die verfeinerte antike Kunst der gebildeten Oberschicht an, sondern an die römische Volkskunst.

Die Formen wurden einfacher, die Perspektive, die Hell-Dunkelmalerei, die naturalistische Darstellung der Menschen (wie bei den Römern) verschwanden. Alles wurde stilisiert, d. h. vereinfacht. Die natürliche anatomische Körperlichkeit wurde aufgegeben, um dem Seelisch-Geistigen mehr Ausdruck zu verleihen. Die Künstler verwendeten mehr Symbole, um eine hinter den äußeren Erscheinungen liegende Wirklichkeit auszudrücken.

Zwischen Antike und Mittelalter

Frühchristliche und Byzantinische Kunst – Von Westen nach Osten

Die Versammlungsräume der verbotenen Religion, die Katakomben, waren der erste Ausdruck von **Architektur**. Die Katakomben waren unterirdische, kilometerlange Grabkammern, geschmückt mit Wandmalereien. Frühe Gottesdienste fanden dagegen in Privathäusern statt. Später versammelten sich die Christen in sogenannten Basiliken, großen Räumen, die zuvor Markthallen oder Gerichtsräume gewesen waren. In der Apsis, wo einst der römische Richter gesessen hatte, wurde jetzt der Altar errichtet. Da das Christentum im Jahre 380 n. Chr. Staatsreligion geworden war, wurde die künstlerische Ausgestaltung der Basiliken von den Kaisern unterstützt und mitfinanziert. Neben dem ursprünglichen Anliegen, die Gläubigen durch Kunstwerke zum Allerheiligsten zu geleiten, sollte auch der Triumph des Christentums verherrlicht werden. Dies drückte sich in farbenfrohen Marmorsäulen, Wandmalereien und reichen Mosaiken aus.

Die **Plastiken** beschränkten sich im Wesentlichen auf die Reliefkunst. Die schon früher verwendeten Steinsarkophage wurden jetzt mit christlichen Motiven geschmückt. Die hohe Kunst der antiken Vollplastik verschwand.

Die **Bilder** waren zunächst einfache Wandmalereien in den Katakomben. Die Kirchen wurden später hauptsächlich mit Mosaiken geschmückt. Diese Arbeit mit den farbigen Steinchen ließ sich leicht mit der Architektur verbinden. Die Themen waren christlich. Das Wesentliche der Figuren wurde dabei hervorgehoben, unwichtige Einzelheiten wurden weggelassen. Die Figuren zeigten ausgeprägte Gesten und große Ausdruckskraft.

2. Das byzantinische Reich

Im Jahre 330 n. Chr. wurde Byzanz Hauptstadt des römischen Reiches. Später hieß die Stadt Konstantinopel, ab 1453 n. Chr. Istanbul. Ab dem Jahre 395 n. Chr. entwickelten sich die beiden Reichsteile unterschiedlich. Kulturträger wurden die Menschen des byzantinischen Reiches. Die Amtssprache wurde griechisch und die hellenistischen Einflüsse, das Wissen der alten Griechen, lebte hier weiter fort. Die westliche Kultur mischte sich mit orientalischen Einflüssen. Abendland und Morgenland, Okzident und Orient inspirierten sich gegenseitig. Dennoch: Die Kunst der damaligen Zeit war religiös motiviert. Sie sollte der Verherrlichung von Kirche und Staat dienen. Sie wurde hier im Osten wieder Ausdruck einer aristokratischen (adeligen) Kultur. Deren Säulen waren die Kirche, der Hof und die reichen Bürger.

Die christlich byzantinische Kirche entwickelte ganz eigene religiöse Gedanken und Formen. So kam es im Jahre 1054 n. Chr. zur Abspaltung vom Papsttum in Rom. Das war die erste Kirchenspaltung. Hieraus entwickelte sich das, was wir heute die orthodoxe Kirche nennen. Diese verbreitete sich später in anderen Ländern, wie Russland und Griechenland, wo sie auch heute noch existiert. Für die Kunst war dies wichtig, weil diese Gläubigen ein ganz besonderes Verhältnis zu religiösen Kunstwerken entwickelt hatten. Es wurden zum Beispiel viele Ikonen (Heiligenbilder) gemalt, die nach damaligem Glauben Wunderkräfte enthielten.

Die gut 1000 Jahre byzantinischer Kultur waren aus einem weiteren Grund für die europäische Geschichte wichtig. Die Kultur war eine Art Bindeglied zwischen den Zeitaltern. Hier lebte noch lange Zeit das alte Wissen aus der Antike im Mittelalter weiter. Nach der Eroberung von Byzanz durch die osmanischen Türken im Jahre 1453 n. Chr. flüchteten viele Gelehrte und Künstler nach Italien. Sie nahmen ihr Wissen mit und wurden zu einer Art Keimzelle der Neuzeit. Diese wurde in Italien mit der Renaissance geboren.

Die Kunst

Die Größe der byzantinischen **Architektur** war hauptsächlich an den frühchristlichen Basiliken zu erkennen. Die meisten weltlichen Bauten sind im Laufe der Zeit zerstört worden. Zunächst waren die Kirchen, wie im weströmischen Teil Basiliken, mit einer rechteckigen oder später einer kreuzförmigen Grundform. Ab dem 6. Jahrhundert bauten die Byzantiner Kuppelkirchen. Es entstanden immer größere runde Kuppeln über viereckigen Bauten mit kompakten Mauern. Das bedeutendste Beispiel dafür ist bis heute die Hagia Sophia in Istanbul. In nur fünf Jahren wurde der riesige Bau vollendet. Das Licht, das durch die Fenster unterhalb der flachen Kuppel fällt, beleuchtet das ursprünglich reich geschmückte Innere. Die Säulen bestehen aus buntem Marmor und die Wände waren mit kostbaren goldenen Mosaiken geschmückt, die heute zum Teil zerstört sind. Der Gesamteindruck ist prunkvoll, großartig und streng komponiert. Diese frühe Kirche wurde später als Moschee genutzt und deshalb auch mit islamischer Schriftkunst verziert. Heute ist sie ein Museum.

Die damalige **Plastik** war vielfältig, aber weniger bedeutend. Es gab die Portraitkunst oder, wie in der Antike, Reliefgestaltungen an den Sarkophagen. Der ganze Bereich der Kleinkunst, wie Holzschnitzereien oder Goldschmiedearbeiten entwickelte sich ausgezeichnet. Besonders typisch für diese Zeit waren geschnitzte, figürliche Reliefs aus Elfenbein. Zunächst wurden menschliche Figuren mit eleganten, lebendigen Gesten dargestellt. Dann nahm die Kunst eine Wendung durch die reiche, schmuckvolle Ausgestaltung der Gewänder, sodass die Figuren etwas Starres bekamen.

Bei den Ikonen gab es Mischformen zwischen Malerei und plastischen Arbeiten. Die Bildhintergründe und Gewandteile der Heiligenfiguren wurden aus Metallplatten reliefartig herausgearbeitet und auf die bemalten Holzplatten aufgebracht. Die Gesichter und Teile des Körpers waren dadurch farbig zweidimensional, die anderen Bildteile dreidimensional.

Bilder gab es – neben Buchmalerei und Mosaiken – als Ikonenmalerei. Diese Darstellungen von Figuren der christlichen Religion wurden nach fest vorgeschriebenen Regeln ausgeführt. Sie waren nicht nur Dekoration in Klöstern und Kirchen, sondern galten nach ihrer Einweihung in einer religiösen Zeremonie als heilige Gegenstände mit wundersamen Kräften.

Neben der Malerei auf Holztafeln und der Miniaturmalerei in Büchern entwickelte sich ganz besonders die Kunst des Mosaiks in Gebäuden, besonders in den Kirchen. Mosaike waren als Gestaltungsform für Kirchenwände, Decken und Kuppeln eng mit der Architektur verknüpft. Die Mosaike stellten religiöse und weltliche Herrscher dar. Durch die reiche Dekoration ihrer Kleidung wirkten sie fast unkörperlich. Dadurch sollte der Geist und nicht der physische Körper betont werden. Besonders eindrucksvoll sind die großen, goldenen Hintergründe um die Figuren herum. Ihr müsst euch dies als eine Art Gesamtkunstwerk vorstellen. Wenn ihr in eine solche Kirche hineingeht, beleuchten viele Kerzen die Wände und Decken mit ihren abertausenden kleinen Mosaiksteinen und tauchen alles in ein überirdisches, geheimnisvolles Licht. In Italien kann man das in Kirchen in der Stadt Ravenna oder in San Marco in Venedig bestaunen.

Bei den Mosaiken war Jesus eine der am häufigsten dargestellten Figuren. An seinem Beispiel lässt sich sehr schön der künstlerische Wandel aufzeigen. Die Jesusbilder der frühen Christen zeigten eher seine menschliche Seite. In der byzantinischen Kunst wurde er zunehmend als Weltenherrscher dargestellt: mit dunklen Haaren und Bart, wie ein König über allem thronend in der Kirchenkuppel. Und genau diese Art des Bildnisses geht auf eine weit ältere Gottesdarstellung zurück. Genauso wurde Zeus im alten Griechenland gezeigt. Eine sehr viel ältere Darstellungsform wurde übernommen, um der Überlegenheit der neuen Religion Ausdruck und Kraft zu verleihen.

Frühchristliche und Byzantinische Kunst — Praxis

Architektur: Basilika

Technik: Modellbau
Material: Pappe, Bierdeckel, Schere, Cuttermesser, Lineal, Bleistift, Zeitschriften, Kleber, Acrylfarben, Pinsel, Dekomaterial, Heißkleber. *Zusatzmaterial:* Bastelbogen (**CD**)
Methode: Gruppenarbeit (3–4 Personen)

Aufgabe:
Die ersten Kirchen der frühen Christen waren umfunktionierte Zweckbauten der Römer. Sie mussten genug Platz bieten für die Versammlung der Gemeindemitglieder. So wurden aus Markthallen und Gerichtsgebäuden im Laufe der Zeit Gotteshäuser. Ein Baustil mit einem erhöhten Mittelteil und zwei niedrigen Seitenteilen kristallisierte sich heraus. Später kam ein Glockenturm hinzu.

Baue ein Modell einer Basilika, so wie oben beschrieben.

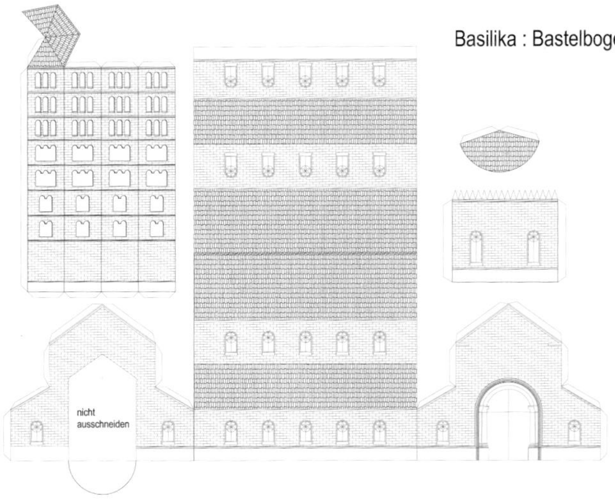

a) Auf dem Konstruktionsbogen sind die einzelnen Bauteile vorgezeichnet. Der Zusammenbau sollte dadurch leicht sein.

b) Auf dem Bogen findet ihr vier Bauteile. Schneidet zunächst den Turm aus, aber lasst die vier Seiten miteinander verbunden. Klebt dieses Bauteil sorgfältig auf der Pappe fest und schneidet es erneut aus. Dann nehmt ihr ein Cuttermesser und schneidet an einem Lineal entlang die drei langen Linien zwischen den Turmseiten leicht ein (nicht durchschneiden!). Danach könnt ihr an den Linien entlang die Turmseiten leicht einknicken und dreidimensional zusammenfügen. Ihr streicht die Klebelaschen mit Klebstoff ein und fügt den Turm zusammen. Ihr könnt ihn auf einem Bierdeckel befestigen.

c) Das nächste Bauteil ist groß. Schneidet das Kirchenschiff und die beiden Giebelseiten zusammen aus. Klebt alles wieder auf Pappe und schneidet es erneut aus. Ritzt wieder mit dem Cuttermesser die Verbindungslinien sämtlicher Einzelteile leicht ein. Dann wird alles vorsichtig geknickt, zusammengefügt und mithilfe der Laschen zusammengeklebt. Schneidet dann das halbrunde Bauteil für das Dach der Apsis aus und verstärkt es erneut mit Pappe. Klebt es an der mit einem Dreieck gekennzeichneten Stelle der Giebelwand fest.

d) Dann schneidet ihr das letzte Teil aus. Hier sind die Klebelaschen gezackt, damit das Bauteil rund gebogen werden kann. Verstärkt auch diese mit Pappe. Jetzt zieht ihr es hochkant über eine Tischkante, damit es sich gleichmäßig wölbt. So passt es unter das Dach, wo ihr es festklebt. Dann ist der

Rohbau fertig. Wenn ihr genug Geld in der Kasse habt, könnt ihr euch die DIN-A2-Kopien auf dickes Papier machen lassen. Dann spart ihr euch das doppelte Aufkleben auf die Verstärkungspappe.

e) Danach kann der „Rohbau" völlig frei gestaltet werden, egal wie das Gebäude früher tatsächlich ausgesehen haben mag.

f) Überlegt, wie ihr euch die Kirche heute als Institution idealerweise vorstellt. Was sollte dort passieren? Und wie könnt ihr dies ausdrücken? Die künstlerische Technik ist eine Mischung aus Collage und Malerei. Dafür sucht ihr in Zeitschriften passende Bilder. Reißt die entsprechenden Seiten heraus und legt eine Sammlung an. Ihr könnt ebenfalls jede Form von dekorativen Papieren sammeln, die euch gefallen. Das können Gold- oder Silberpapiere, bis hin zu bunten Servietten sein.

g) Anschließend setzt ihr euch zusammen und entscheidet, welche Bilder und Papiere ihr tatsächlich nehmen wollt. Ihr könnt eure Kirche sowohl figurativ als auch ganz abstrakt gestalten.

h) Schneidet die Bilder präzise aus.

i) Klebt die Bilder und Papiere auf den Rohbau.

Plastik: Ikonen

Technik: Relief und Zeichnung
Material: goldene und silberne Prägefolie, Pappe, braune Farbe, Zeichenblock (DIN A4), Wasserfarben, Pinsel, Filzstifte, Kugelschreiber, weiche Unterlage (Zeitungspapier), Klebestreifen, Klebstoff, Holzbrett
Methode: Einzelarbeit

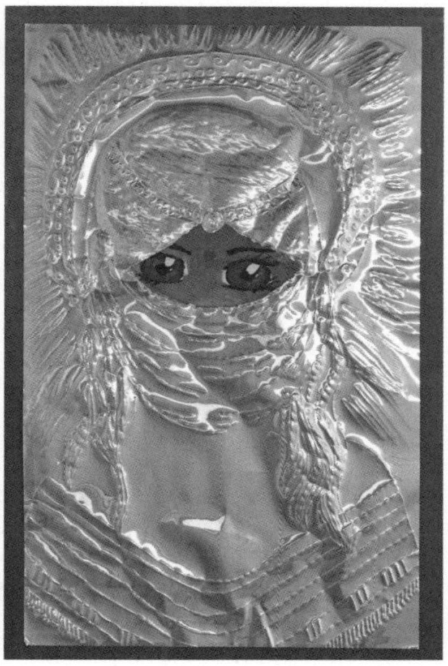

Aufgabe:
Die plastische Kunst war in der frühchristlichen und byzantinischen Kunst nicht so bedeutend. Hauptsächlich wurden kleine Skulpturen aus Elfenbein zu religiösen Themen hergestellt. Für eine interessante plastische Arbeit müssen wir eine jüngere Zeit der Geschichte heranziehen. Aus der byzantinischen Kultur hat sich eine der ältesten christlichen Kirchen entwickelt – die orthodoxe Kirche, in der Ikonen, eine Art von Heiligenbildern, bis heute eine wichtige Rolle spielen. Eine besondere Form dieser Bilder geht in den Bereich des Plastischen hinein. Als Beispiel kannst du eine Marienikone aus Sankt Petersburg betrachten:

www.hamburg-hram.de/de/category/ikonen

Die beiden Figuren auf der Abbildung oben sind zunächst auf eine grundierte Holzplatte gezeichnet worden. Die Gesichter, Hände und Füße sind farbig ausgemalt worden. Die Körper, die Heiligenscheine und der Hintergrund wurden als goldenes Metallrelief gestaltet. Sie kommen dreidimensional aus dem Bildgrund heraus. Damit die gemalten Teile sichtbar bleiben, wurde genau an diesen Stellen die Metallfolie ausgeschnitten.

Stelle eine Ikone mit einfachen Mitteln her.

a) Entscheide dich für ein Motiv. Du kannst traditionell arbeiten und eine Madonna mit Kind oder eine Heiligenfigur entwerfen. Wenn dir das nicht zusagt, wähle eine andere männliche oder weibliche Figur, die eine positive Ausstrahlung besitzt.

b) Nimm eine silberne oder goldene Prägefolie. Sie muss nicht groß sein, denn Ikonen können kleinformatig sein. Lege die Folie auf ein Zeichenblatt und umrande sie mit einem Bleistift.

c) Entwirf eine Figur in diesem Viereck. Zeichne nur Linien und keine Schattierungen.

d) Lege eine gefaltete Zeitung auf den Tisch und die Metallfolie darauf.

e) Schneide die Zeichnung so aus, dass sie genau auf die Folie passt. Klebe sie an den Ecken mit Klebestreifen fest, damit sie nicht verrutschen kann.

f) Übertrage die Zeichnung mit einem Kugelschreiber auf die Folie. Die Linien sollen sich dabei auf der Folienrückseite durchdrücken. Du musst dafür mit dem Kuli fest genug aufdrücken, ohne das Papier zu beschädigen. Die Linien des Gesichtes, der Hände etc., die später ausgemalt werden sollen, überträgst du nicht!

g) Damit du diese Arbeit ausführen kannst, löst du die Zeichnung von der Folie und gehst damit ans Fenster. Mit einem Bleistift die Linien der auszumalenden Teile mit dünnen Strichen auf Zeichenpapier übertragen. Da die Körper auf der Folie seitenverkehrt erscheinen, musst du auch seitenverkehrt ausmalen.

h) Male jetzt die von der Folie später nicht bedeckten Teile mit Wasserfarbkasten und dünnem Pinsel aus. Male ruhig und sorgfältig. Früher wurde diese Arbeit von Mönchen ausgeführt, die ewig Zeit hatten. Für sie war das Malen eine Art Andacht.

i) Kleine Einzelheiten, wie z. B. die Pupillen, auch mit Filzstiften oder Finelinern ausführen.

j) Während das Bild trocknet, schneide mit einer kleinen spitzen Schere die entsprechenden Flächen in der Prägefolie aus.

k) Lege die Folie auf das bemalte Papier und überprüfe, ob alles zusammenpasst.

l) Danach wird die Folie von der Rückseite mit dem Kuli weiterbearbeitet:
- Linien vorsichtig vertiefen,
- mit der Kopfseite des Bleistiftes kleine Flächen des Gewandes herausdrücken,
- die Kleidung und den Hintergrund mit Mustern verzieren. Das können Punkte, Linien und Ornamente sein. Dafür bietet sich diese Arbeit an.

Zum Schluss alles auf einen festeren Untergrund kleben. Dieser sollte ringsherum 1 cm breiter sein als die Folie. Das kann ein dünnes Holzbrett oder auch feste Pappe sein. Zuerst die Zeichnung mit Flüssigklebstoff aufkleben, anschließend mit Heißkleber die Metallfolie passengenau verkleben.

Bild: Mosaikköpfe

Technik: Drucken
Material: Zeichenblock, Bleistift, Wasserfarben, Pinsel, Vierkanthölzchen
Methode: Einzelarbeit

Aufgabe:
Mosaike hatten in der byzantinischen Kunst große Bedeutung. So wurden christliche Motive an den Wänden mit kleinen Steinchen oder farbigem Glas dargestellt. Jesus, Heilige, aber auch die weltlichen Herrscher von damals leuchteten regelrecht von den Wänden und Decken herab. Neu war der alles umgebende Goldhintergrund, der ebenfalls aus vielen Steinchen bestand. Eine solche Kirche, von Kerzen erhellt, erscheint in fast überirdischem Licht. Die Figuren wirken wie aus einer anderen Welt – alles hat etwas Mystisches.

Gestalte ein Druck-Mosaik.

a) Zeichne einen Kopf auf ein hochkant gelegtes Zeichenblatt. Der Kopf muss groß gezeichnet werden, weil anschließend alle Linien mit einem Holzstück gestempelt werden sollen. Dafür ist es wichtig, Einzelheiten wegzulassen: die Augen stempeln, aber nicht die Augenwimpern.

b) Stempeln: Rühre mit einem Pinsel im Wasserfarbkasten eine satte, schwarze Farbe an. Trage diese auf die Schnittkante des Holzstückes auf. Drucke den eingefärbten Holzstempel als Probedruck mehrfach auf ein Schmierblatt: Es entsteht eine Reihe von kleinen schwarzen Quadraten, die wie Steinchen aussehen. Sie werden dabei immer etwas heller – das darf so sein.

c) Nimm neue Farbe und drucke jetzt über die Bleistiftlinien der Vorzeichnung. Lass zwischen den einzelnen Quadraten etwas Platz. Wenn alle Linien schwarz gedruckt sind, säubere das Holz und beginne, das Gesicht farbig auszugestalten.

d) Zuletzt gestaltest du den Hintergrund mit Goldfarbe.

Zeittafel

570 n. Chr. bis heute

Die Kultur

Der Islam wurde, genau wie das Judentum und das Christentum, außerhalb Europas geboren. Er entstand als letzte dieser drei Religionen an der Zeitenwende zwischen Spätantike und Mittelalter mit der Geburt des Propheten Mohammed im Jahre 570 n. Chr. Erst nach Mohammeds Tod begann der neue Glaube sich über die ganze arabische Welt auszubreiten. Danach eroberte er die gesamte Südküste des Mittelmeerraumes. In Spanien, Portugal und auf Sizilien gab es in der Zeit von 711 n. Chr. bis 1492 n. Chr. islamische Reiche, die das Leben dieser europäischen Länder dominierten und sich kulturell auf das gesamte christliche Abendland auswirkten. Dies war für Europa sowohl eine Bedrohung als auch eine Befruchtung, denn bisher war das Abendland nach der Antike ganz von der christlichen Lehre geprägt.

Wie konnte diese kulturelle Einflussnahme passieren? Die mittelalterliche christliche Lehre trennte strikt zwischen Diesseits und Jenseits ebenso wie zwischen Körper und Geist. Das führte zu einer großen Körper- und tendenziellen Weltfeindlichkeit mit immensen Folgen. Der Grund dafür lag im Glauben, dass das weltliche Leben nur eine Prüfung in einem Jammertal sei. Lebensfreude und Körperlichkeit, vor allem die Sexualität, wurden mit großer Skepsis betrachtet und strengen Geboten unterworfen. Das eigentlich wertvolle Leben sollte erst nach dem Tod im Jenseits stattfinden. Das führte dazu, dass das gesamte Wissen der Antike über Medizin, Philosophie und Kunst zum Tabu wurde und damit in Vergessenheit geriet. Das Verständnis von Krankheiten, Heilung, Hygiene und viele Erkenntnisse der Wissenschaften gingen verloren. Wehe dem, der im Mittelalter zum Arzt musste!

Im Islam waren diese Verbote nicht vorhanden. Deshalb nutzten die arabischen Gelehrten die alten wissenschaftlichen und philosophischen Schriften der Griechen und Römer, die sie ins Arabische übersetzt hatten. Dadurch war der Entwicklungsstand der moslemisch geprägten Kulturen viel höher. Dieses Wissen kam schließlich unter anderem über Spanien in das mittelalterliche Abendland zurück und half, den Lebensstandard zu erhöhen. Auch ein reger künstlerischer Austausch, vor allem im Bereich der Architektur, förderte diesen Prozess.

Im Mittelalter tolerierten sich zunächst die islamischen und christlichen Herrscher. Die Juden und Christen konnten in den eroberten Ländern ihren Glauben weiter ausüben. Die islamischen Bauherren bedienten sich neben ihrer eigenen Architekten auch westgotischer Künstler, nachdem sie Spanien erobert hatten. Umgekehrt schufen muslimische Künstler nach der Rückeroberung Spaniens durch die Christen für die neuen Herren weiterhin Gebäude. In beiden Fällen bildeten sich interessante Mischungen des abendländischen und islamischen Stils. Ein ähnlicher Austausch vollzog sich auf Sizilien zwischen den Muslimen und den Normannen. Wir können heute noch viele Werke dieser friedlichen Auseinandersetzung zwischen den Kulturen bewundern.

Im Verlauf der Kreuzzüge kam es zu einer zunehmenden Eskalation, in deren Folge der Islam aus Spanien immer weiter vertrieben wurde. Die neuen Herrscher ließen den verbliebenen Muslimen zum Schluss nur noch die Wahl zwischen Zwangstaufe, Tod oder Vertreibung.

Die Kunst

Die beiden höchsten Künste des Islam sind die **Architektur** und die Kalligrafie. Beide sind der Religion verbunden. Der muslimische Künstler hilft, die göttliche Einheit in der Vielfalt der äußeren Erscheinungen zu erkennen. Gott, grenzenlos und damit auch formlos, kann nicht dargestellt oder in eine Form gebracht werden. Das würde ihn reduzieren und verfälschen, außerdem soll sich der Mensch nicht anmaßen, Gott zu begreifen. Auch der unfassbare Wesenskern des Menschen ist nicht darstellbar. Damit steht der Künstler vor einer Herausforderung: Um überhaupt etwas Wesentliches auszudrücken, muss er zu einem Symbol, zu einer abstrakten Form greifen. Aus Sorge vor Götzenanbetung waren auch religiöse Skulpturen oder Bilder verboten. Der Erschaffer von menschlichen Bildwerken sollte gar nicht erst in Versuchung geraten, sich selbst als kleinen Schöpfer zu sehen.

Die Muslime begannen, Moscheen, Paläste und Wohnhäuser zu bauen, die sich nach den Bedürfnissen des Alltagslebens richteten. Es entstand eine Architektur der Oasen. Nach außen waren die Gebäude durch hohe Mauern geschützt, die sowohl die starke Sonne als auch Feinde abhalten konnten. Der Innenhof, der eine Wasserquelle enthielt, war von schattigen Arkaden (Wandelgängen) und Hallen umgeben. Später wurden viele Elemente der Architektur eroberter Länder aufgenommen.

Auch die Moscheen („Ort der Niederwerfung") sind je nach Land und Kultur unterschiedlich, obwohl ihr Zweck überall gleich war: Sie sollten eine Stätte des Friedens sein, an der sich die göttliche Einheit hier und jetzt vergegenwärtigen lässt. Äußerlich verbindet die Moschee in der Regel einen weiten, rechteckigen Hof mit einer feierlichen, geschlossenen Halle für das gemeinsame Gebet. Der Hof ist durch Mauern nach außen hin abgeschlossen. Innen befinden sich oft Säulenhallen zum Schutz vor der Sonne. In der Mitte steht ein Brunnen für die religiösen Waschungen.

Die angrenzende Gebetshalle ist ein leerer Versammlungsraum. Es gibt keine Altäre, Statuen, Götter- oder Heiligenbilder. In einer Wand befindet sich die Gebetsnische, die den Gläubigen die Richtung nach Mekka zeigt. Die Kuppel ist ein Abbild des freien Himmels über uns. Durch das Bilderverbot konzentriert sich die ganze kreative Kraft der Künstler auf die Gestaltung von meist abstrakten Baudekorationen. Das können sowohl Schriftkunst (koranische Inschriften) als auch abstrahiertes Flechtwerk sein. Beides ist nicht nur Dekoration, sondern auch symbolisch zu verstehen. Die geometrische Verflechtung drückt die göttliche Einheit aus. Die Verzierungen können aus verschiedenen Materialien bestehen: farbigen Kacheln, Mosaiken, Marmor, Holzschnitzereien oder Stuck (Gips). Die Vielfalt der abstrakten Motive kann überwältigend und erhebend sein. Außen gibt es in der Regel ein oder mehrere Minarette, Türme, die in die Höhe ragen und von denen der Muezzin fünfmal am Tag zum Gebet ruft. Aus der Zeit der muslimischen Bauherren in Spanien sind noch heute die große Moschee von Cordoba mit ihrem Säulenwald und ein Palast zu besichtigen.

Die Paläste waren dreigeteilt. Als erstes kam man in den öffentlichen Teil, anschließend in den privaten und dann in den eigentlichen Wohnteil. Die Alhambra in Granada ist eine der berühmtesten Palastanlagen und wird jedes Jahr von Tausenden kunstinteressierter Besucher erlebt und bewundert.

Historische Moscheen gibt es in zahlreichen weiteren europäischen Ländern, wie z. B. Russland, Bosnien, Kosovo, Albanien und Bulgarien. Die Wahrnehmung islamischer Kultur in Europa ist je nach Land sehr unterschiedlich. Auf ganz Europa bezogen war der äußerlich sichtbare Einfluss begrenzt. Dies änderte sich in der zweiten Hälfte des letzten Jahrhunderts. Mit der großen Einwanderungswelle in europäische Länder brauchten die Muslime eigene Gotteshäuser. Diese entstanden zunächst unscheinbar in Hinterhöfen, auch wenn es Ausnahmen wie die große Moschee in Paris gab. Aber der Bau von Moscheen, die im Stadtbild deutlich sichtbar sind, ist ein relativ neues Phänomen. Die Architektur kann dabei ganz traditionell sein oder eine Verbindung von alt und modern eingehen. Ein interessantes Beispiel ist die große Moschee in Köln, die traditionelle Grundformen mit neuen Materialien und modernen Formen kombiniert.

Islam – Glaube ohne Bilder

Die **Plastik** spielte im Islam nur indirekt eine Rolle. Da es keine dreidimensionalen Skulpturen gab, entwickelte sich der Bereich des Handwerks und der Kleinkunst sehr stark. Dies konnten Goldschmiedearbeiten, Vasen, Krüge, Becher, Kupferteller, edle Keramik, Glasarbeiten und Teppiche sein. Diese Mischung aus Kunstwerk und Gebrauchsgegenständen, aus Schönheit und Funktion, kam über die Kreuzritter nach Europa und prägte unser Bild vom Orient mit.

Bei den **Bildern** möchte ich drei Bereiche nennen: die Schriftkunst (Kalligrafie), die glasierten Kacheln und die Miniaturmalerei.

Die Kalligrafie diente der Bezeugung der unsichtbaren, geheimnisvollen Einheit Gottes mit Worten und abstrakten Schriftzeichen. Diese Kunst war mit dem Schmücken von Büchern verbunden, wobei verschiedene Stile entwickelt wurden. Die massive Schriftform des Kufischen Stils drückte etwas feierlich Geheimnisvolles aus, was jedoch schwer zu lesen war. Deshalb wurden auch einfachere, schöne Schriftformen entwickelt. Natürlich war es ein Problem, etwas Unbegrenztes durch die Ränder einer Buchseite zu begrenzen. Deshalb wurde die Kalligrafie so gestaltet, dass sie über die Buchseitenränder hinausführte. Der Betrachter kann sich so unendliche Variationen der grafischen Symbole vorstellen, die über die Seiten ins Unendliche weitergehen.

Farbige Kacheln, die zusammengesetzt abstrakte Ornamente ergaben, verzierten die Außen- und Innenwände der Paläste und Wohnhäuser. Die arabischen Schriftzeichen wurden so weiter entwickelt, dass sie selbst zu einem dekorativen Kunstwerk wurden.

Das Gebot, Figürliches nicht darzustellen, wurde später, insbesondere in den asiatischen islamischen Gebieten, etwas gelockert. Es entwickelte sich eine neue Form der Miniaturmalerei mit intensiven Farben und lebhafter Wirkung. Die Malart blieb bewusst flächenhaft und dekorativ. In der Miniaturmalerei wollte der Künstler die äußere Wirklichkeit gar nicht so portraitieren, wie sie sich zeigt. Ihm ging es um das Wesentliche hinter den Dingen, das es wert war, erkannt und dargestellt zu werden.

Kulturen beeinflussen sich gegenseitig. Aus europäischer Sicht war es die Kultur des osmanischen Reiches, die die Künste, speziell die Malerei des Abendlandes, stark beeinflusste. Das Symbol dafür ist Istanbul, die wie keine andere islamische Stadt, das Denken und die Fantasie der Menschen des Abendlandes angeregt hat. Im 17. und 18. Jahrhundert kam es durch die Berichte von Reisenden und die Bilder von Künstlern zu einer schwärmerischen Begeisterung für die Kultur des Orients. Malerei und Mode ließen sich davon anstecken. Später wurden dafür eigens Begriffe geprägt, wie Orientalismus und Exotismus. Auch wenn vieles, was damals gemalt wurde, nichts mit der orientalischen Wirklichkeit zu tun hatte, sondern eigene Wünsche der Europäer schön in Szene setzte, zeigte sich endlich ein Interesse, die andere Kultur kennenzulernen.

Islam — **Praxis**

Architektur: Moschee

Technik: Modellbau
Material: Grundplatte (oder Schuhkartondeckel), Schuhkarton, vier Pappröhren (von Haushaltspapier), Styroporkugel, Schere, Tesakrepp, Zeitungspapier, Kleister, Acrylfarben, Goldfarbe, Pinsel, Dekomaterial, Goldpapier, Klebstoff, Filzstifte
Methode: Gruppenarbeit (3–4 Personen)

Islam – Glaube ohne Bilder

Aufgabe:
Die Moschee ist wohl das bekannteste Beispiel für muslimische Architektur. Moscheen können sehr unterschiedlich aussehen, je nachdem aus welcher Kultur sie kommen. Einige Gotteshäuser haben ein großes hohes Minarett, vergleichbar mit einem Kirchturm, andere gleichen einer chinesischen Pagode. Die bei uns bekannteste Form ist die türkische Moschee, mit zwei oder vier schlanken Minaretten und einem Hauptgebäude, das eine Kuppel trägt.

Baut das Modell einer Moschee.

a) Nehmt einen Schuhkarton mit Deckel, dreht ihn um und messt die kurze Seite aus. Die lange Seite soll ebenso lang werden, das Ganze soll ein Quadrat ergeben. Zeichnet also Linien ein und schneidet den Karton dann mitten durch.

b) Das Seitenteil des abgeschnittenen Stückes schneidet ihr ebenfalls ab und klebt es mit Tesakreppstreifen in die offene Seite des Kartons. Dies ist die Basis für das Gebäude.

c) Zeichnet in die Vorderseite in der Mitte eine Tür ein und schneidet sie aus.

d) Das Gebäude klebt ihr auf eine größere Unterlage – am besten auf den Deckel.

e) Die Styroporkugeln in der Mitte auseinandernehmen und eine Hälfte genau in der Mitte des quadratischen Gebäudes ebenfalls mit Tesakrepp befestigen.

f) Für die Minarette die unteren Enden der Papprollen mehrfach 1 cm tief einschneiden. Diese Laschen werden nach außen gebogen und mit Flüssigkleber oder Heißkleber bestrichen. Dann drückt ihr sie in den vier Ecken des Deckels oder eurer Grundplatte fest.

g) Für die Spitzen rollt ihr vier Streifen aus dünner Pappe wie eine Schultüte zusammen und klebt sie mit Flüssigkleber und Tesakrepp fest. Dann schneidet ihr sie am dicken Ende alle gerade auf eine Länge ab. Wieder mit Klebestreifen befestigen. Der Rohbau ist fertig.

h) Jetzt mit Zeitungspapier (kleine Stücke) und Kleister das ganze Gebäude in mehreren Schichten bekleben. Danach alles eine Woche trocknen lassen.

i) Zum Schluss kommt die Farbgestaltung. Als Grundfarben nehmt Weiß, Ocker, Grün oder Türkis. Wenn die Farbe getrocknet ist, könnt ihr Verzierungen anbringen. Gold, Glitzersteine oder Pailletten – je nachdem, was euch gefällt.

Bild: Schriftkunst – Kalligrafie

Technik: Zeichnen und Schreiben
Material: Zeichenblock (DIN A4), Bleistift, Filzstifte
Methode: Einzelarbeit

Aufgabe:
Da figürliche Malerei aus religiösen Gründen nicht erlaubt war, haben islamische Künstler die Kunst der schönen Schrift in einer ganz eigenen Form entwickelt. Du kannst sie in Büchern, als Wandgestaltung in Moscheen oder auch als Bilder bewundern.

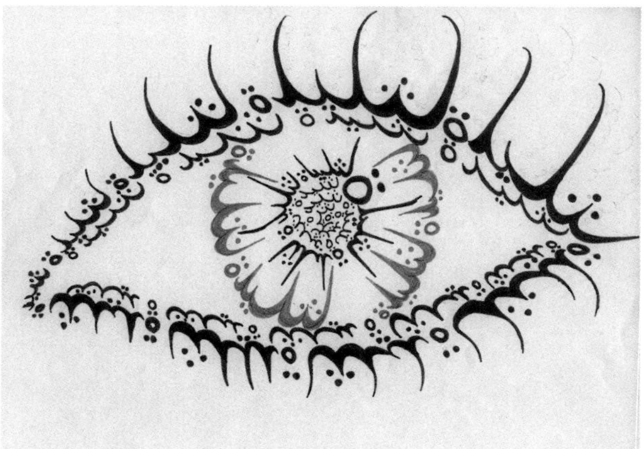

Islam – Glaube ohne Bilder

Es gibt viele Arten der Kalligrafie. Eine Form stellt stark vereinfachte Dinge der äußeren Welt allein mit arabischen Schriftzeichen dar. Das kann eine ein Boot, eine Pflanze, ein Tier, ein Mensch oder eine Moschee sein.

Stelle eine Kalligrafie her.

a) Entscheide dich für ein Motiv.

b) Zeichne die äußere Form, die Umrisslinie, mit einem Bleistift vor.

c) Nimm als Vorbild arabische Schriftzeichen. Das Wort oder der Satz sollte aus dem Poetischen oder Religiösen kommen. Oder, wenn du keine arabischen Vorbilder findest, nimm lateinische Buchstaben. Das kann ein Lied oder ein Gedicht sein.

d) Suche eine Form, die dazu passt, z. B. eine Gitarre. Dann schreib so schön wie möglich und fülle mit den Buchstaben die Form aus. Die Buchstaben können mal dicker, mal dünner werden.

e) Nimm statt des Bleistifts jetzt einen Filzstift oder Fineliner und ziehe alle Buchstaben nach. Das Bild kann schwarz-weiß werden oder farbig. Die schöne Form ist das Wichtigste. Am Schluss die Umrisslinie wegradieren.

Zeittafel

ca. 950 n. Chr. bis ca. 1250 n. Chr.

Die Kultur

Mit Romanik bezeichnet man die Kunst und Kultur Westeuropas im Hochmittelalter. Der Begriff Romanik ist erst viel später eingeführt worden. „Romanisch" bedeutet wörtlich: nach Art der Römer. Denn viele Stilelemente gehen auf die Kunst im antiken Rom zurück, z. B. die Rundbögen in der Architektur. Doch auch griechische Einflüsse, die aus Byzanz kamen, Einflüsse aus der arabisch-muslimischen Kultur und sogar Elemente von den britischen Inseln sind in der Romanik zu finden. Von dort stammt die Vorliebe der romanischen Kunst für reiche Muster und komplizierte Verzierungen.

In jeder Epoche ist es wichtig zu fragen, wer die Kulturträger waren: Wer beauftragte und bezahlte die Künstler? Welche Gedanken und Gefühle ihrer Zeit drückten die Künstler aus? Aus welchem Lebensgefühl entstanden die Werke? Wodurch wurden sie am meisten beeinflusst?

In der Romanik war die katholische Kirche nahezu alleiniger Kulturträger. Die gesamte Bildung, die Kunst und viel Geld lagen in den Händen der Klöster. Die waren nämlich durch Stiftungen (Schenkungen reicher Leute) sehr vermögend geworden und konnten sich große, neue Kirchen für ihre Klosterabteien leisten. Die Menschen hielten die Weltordnung für gottgegeben. Es gab keine Trennung zwischen Staat und Kirche, Papst und Kaiser teilten sich zu gleichen Teilen die Herrschaft über die Menschen. Auch ihre Ämter waren von Gott verliehen, d. h. sie waren unanfechtbar in ihrem Machtanspruch. Das Weltbild war klar und eindeutig, und die Aufgaben jedes Menschen innerhalb des gesellschaftlichen Systems genau beschrieben. Zweifel daran waren Ketzerei und wurden meist mit dem Tode bestraft.

Erst als der Papst immer mehr weltliche Macht anstrebte, geriet die stabile Einheit ins Wanken. Die Macht der weltlichen Herrscher wurde zurückgedrängt, ein religiöser Eifer erfasste ganz Europa. Die Kirche und der Adel traten in einen Wettbewerb zum Bau neuer Kirchen ein. Hieraus entstand der neue romanische Baustil.

Es war auch die Blütezeit der Ritter. Diese zogen zu Zehntausenden auf Geheiß des Papstes in den nahen Osten, um den Byzantinern zu helfen und die Städte des neuen Testamentes, wie z. B. Jerusalem, von den muslimischen „Ungläubigen" zu befreien. Ca. 200 Jahre lang konnten sie sich dort halten, bevor sie endgültig wieder vertrieben wurden. Die blutigen Gewalttaten der Kreuzritter wurden vom Papst belohnt.

Die Entwicklung im Mittelalter war in den europäischen Ländern unterschiedlich. Es wurden viele Erfindungen gemacht, die das Leben der Menschen wirtschaftlich und damit auch kulturell stark beeinflussten.

Ein Beispiel, das den Zusammenhang zwischen Wirtschaft, Erfindungen und Kunst deutlich macht: Im 9. und 10. Jahrhundert, am Ende des Frühmittelalters, litten die Menschen in Frankreich und Deutschland unter furchtbaren Hungersnöten. Die Bevölkerungszahlen sanken dramatisch. Dann geschahen im 11. Jahrhundert drei wichtige Dinge: der Räderpflug wurde erfunden, die Dreifelderwirtschaft wurde eingeführt und die Bauern begannen, die langsamen Ochsen als Zugtiere durch leistungsstärkere Pferde zu ersetzen. Dadurch konnten die jährlichen Hungersnöte besiegt werden, die Bevölkerungszahl stieg wieder an. Es bildeten sich größere Gemeinden und Städte, und jetzt fanden die Menschen auch die Energie, die großen, neuen Kirchen zu errichten und andere Kunstwerke zu erschaffen.

Die Architektur

Die Werke der romanischen Kunst waren fast ausschließlich kirchliche Bauten. Nur die berühmten Ritterburgen waren Beispiele für die weltliche, profane Architektur. Die Adeligen nahmen eine spezielle Rolle ein. Sie finanzierten den Bau der romanischen Kirchen mit, während sie selber mit ihrem Hofstaat ihren Aufenthaltsort ständig wechselten.

Die romanischen Kirchen kann man mit dem Begriff Gottesburg beschreiben. In ihnen drückten sich verschiedene Bedürfnisse der damaligen Menschen aus. Sie wollten die zeitlose göttliche Ordnung und die Macht der Herrschenden sichtbar machen. Zugleich sollten die gewaltigen Bauten ein Gefühl von Sicherheit, Ruhe und Stabilität in einer unsicheren Zeit vermitteln.

Besonders letzteres war für die Bevölkerung wichtig. Denn es konnte schon einmal passieren, dass eine fest gebaute Kirche bei Angriffen als Rückzugsort für die Bevölkerung dienen musste. Die alten Kirchen hatten noch Holzdächer. Als es aber wiederholt passierte, dass Dächer abbrannten, entwickelten die Bauherren die ersten vollständigen Steingewölbe. Diese nennt man nach ihrer typischen, halbrunden Form Tonnengewölbe. Allerdings waren sie viel schwerer als Holzdächer. Damit die Wände durch das aufliegende Gewicht nicht zusammenbrachen, baute man sie immer dicker und verkleinerte die Fenster. Feste, statische Formen entstanden, die den Eindruck von Kraft, Dichte und Schwere ausstrahlen.

Die frühchristlichen Basiliken waren zunächst ganz horizontal ausgerichtet. Jetzt entstanden neben dem horizontalen Langhaus sowohl im Ostteil wie im Westteil an den Seiten jeweils zwei Türme. Dadurch wurden die vertikalen Kräfte mehr betont und die Kirchen wurden zu einer Art Gleichgewichtskunstwerk zwischen horizontalen Erdkräften und vertikalen Himmelskräften. Oder anders ausgedrückt: Aus dem Druck der Deckengewölbe und dem Gegendruck der Wände wurde eine Balance von getragenen Massen und tragenden Massen geschaffen.

Typisch für diese Zeit waren die sogenannten Rundbögen, halbrunde Formen über den Fenstern oder die Verbindungen der Säulen im Inneren. Neu war auch die künstlerische Gestaltung der Kirchen, z. B. durch die Anbringung von Skulpturen über dem Portal, dem Eingangsbereich der Kirchen. Die Ausgestaltung des Innenraums durch Skulpturen und Wandmalereien hatte ebenfalls eine dienende Funktion. Alles war der Gesamtwirkung der Architektur untergeordnet.

Die Plastik

Während die freistehenden Skulpturen der Antike einen natürlichen Realismus zeigten, bewegte sich das große Pendel der Kunstgeschichte zu romanischen Zeiten wieder in die ganz andere Richtung. Die Bildhauer wollten jetzt dramatische Gefühle, die Innenwelt, das Unsichtbare und Unbegreifbare darstellen. Häufig waren die Künstler Ordensmenschen. Die Themen, die sie darstellten, entstammten dem Alten und dem Neuen Testament: fromme Heilige mit ruhigen Gebärden, Mariendarstellungen oder Holzkruzifixe über dem Altar. Die Skulpturen hatten die Aufgabe, biblische Geschichten in plastischen Bildern zu erzählen. Sie waren eine Art in Stein gemeißeltes Bilderbuch für all die vielen Gläubigen, die nicht lesen konnten.

Von den Griechen wurde der Wandfries übernommen, ein lang gezogenes Relief, mit dem man die religiösen Geschichten gut erzählen konnte. Die Eingangstüren (Portale) der Kirchen waren Tore zu einer anderen Welt. Die Bereiche um sie herum schmückte man besonders reich mit Figuren. Auch diese waren reliefartig in die Architektur eingebunden. Freistehende Skulpturen waren praktisch nicht vorhanden, mit einer Ausnahme: Hölzerne Jesus- und Mariendarstellungen. Jesus wurde in dieser Zeit nicht nur als schmerzhaft leidend gezeigt, sondern als erhabener Erlöser, als eine Art König, sogar mit weltlicher Krone. Die Wirkung blieb blockhaft, statisch und auf das Wesentliche beschränkt.

Eine Besonderheit dieser Kirchen waren die Figuren der Kapitelle. Das sind die oben breiter werdenden Enden der inneren Säulen, die dem aufliegenden Gebälk bessere Auflageflächen bieten. Hier gestalteten die Bildhauer eine ganz eigene Welt verschiedenster Figuren, wie Heilige, Fabeltiere und auch heidnische Dämonen. Alles wurde verbunden mit schmückenden Ornamenten.

Die Bilder

Die Malerei der Romanik hat sich nur zum Teil in den Kirchen erhalten. Die Wände, Flachdecken und Gewölbe waren in der Regel bemalt. Bedeutungsvoller für das Verständnis der Bilder der damaligen Zeit sind für uns die Buchmalereien. Es waren überwiegend Illustrationen religiöser Texte, die in den Klöstern angefertigt wurden. Die Menschendarstellungen erschienen im Vergleich zur Antike primitiv, aber ausdrucksstark. Heute würde man sagen, sie waren expressionistisch. D. h., sie sind nicht Abbilder der Wirklichkeit, sondern erzählen biblische Geschichten und drücken spannungsvoll innerliche Themen aus. Die Maler benutzten starke Symbole. Alles was wichtig war, wurde groß dargestellt, alles Unwichtige blieb klein. Jesus als himmlischer Herrscher war beispielsweise riesig im Vergleich zu einem neben ihm stehenden Mönch am Bildrand. Aber auch innerhalb einer Figur galt diese Regel. Die Hand des taufenden Johannes konnte riesig sein im Vergleich zum restlichen Körper. Hier sollte die unsichtbare Kraft des Taufens oder Segnens gezeigt werden und nicht die wirkliche Anatomie. Diese Zusammenhänge nennt man heute Bedeutungsperspektive. An diesen Beispielen könnt ihr erkennen, dass die Absicht des Künstlers immer von Bedeutung ist.

Auch die Farben wurden symbolisch benutzt. Die anfänglich einfachen Landschaftsbilder in den Bildhintergründen verschwanden und wurden durch goldene Farbflächen ersetzt. Dieser Goldgrund stand für das Überirdische, den Bereich des Himmlischen. Schattierungen, Anatomie oder Zentralperspektive kamen nicht vor. Die Gesamtwirkung der Bilder war flach, zweidimensional und nicht körperhaft.

Viel Können wurde auf die Gestaltung der Buchseiten in Verbindung mit der handgeschriebenen Schrift verwendet. Hier konnte die Ausgestaltung eines einzigen Buchstabens, z. B. der Initial eines Bibeltextes, zu einem dekorativen Kunstwerk über die ganze Buchseite werden. Die Menschen damals hatten noch viel Zeit und Energie, um sich auf die kleinsten Einzelheiten und Ornamente zu konzentrieren.

Romanik **Praxis**

Architektur: Gottesburg

Technik: Modellbau
Material: Fotokopien, Schere, Cuttermesser, Lineal, Radiernadel, Kleber, Buntstifte, Aquarell- oder Acrylfarben, Pinsel. *Zusatzmaterial:* Bastelbogen (**CD**),
Methode: Partnerarbeit

Aufgabe:
Die mittelalterlichen Kirchen waren erdverbunden. Sie hatten dicke Mauern, kleine Fenster und schwere Türen. Sie sollten in schwierigen Zeiten Schutz bieten für Körper und Geist.

Romanik – Kunst und Kirche

Unser Modell einer romanischen Gottesburg wird aus drei Bastelbögen hergestellt. Auf diese Weise könnt ihr praktisch gut nachvollziehen, was es bedeutet, von der zweiten in die dritte Dimension zu gehen – von der Fläche zum Raum. Wir entwickeln dazu das Modell der frühchristlichen Basilika weiter, lassen aber diesmal den Turm weg. Hinzu kommen zwei neue Bastelbögen, da dieses Modell komplizierter ist. Alle befinden sich auf der CD. Ihr könnt gut zu zweit oder zu dritt bauen.

Baut eine mittelalterliche Kirche.

a) Einigt euch zunächst auf die Art der farblichen Gestaltung. Wollt ihr alle Wände und Dachelemente mit Buntstiften, mit Aquarell- oder Acrylfarben gestalten? Mit Buntstiften werden die Teile gleich nach dem Ausschneiden angemalt, flüssige Farben werden erst nach dem Zusammenbau aufgetragen. Das Papier wölbt sich dabei durch das Wasser, zieht sich jedoch in die Form zurück.

b) Schneidet zunächst das große Bauteil, das Kirchenschiff, aus. Lasst die beiden Giebelseiten mit dem großen Mittelteil verbunden. Die beiden kleinen Teile der halbrunden Apsis schneidet ihr ebenfalls aus und legt sie zur Seite.

c) Jetzt kommt ein wichtiger Teil der Arbeit: Das Einritzen. Mit Lineal und Radiernadel, einer anderen dicken Nadel oder einer umgedrehten Schere. Ritzt alle Linien zwischen den einzelnen Elementen ein, so kann man sie leicht knicken. Auch die Linien der weißen Klebelaschen, die an die Gebäudeteile angrenzen, einritzen. Legt dafür das Lineal auf der Linie an und zieht mit der Radiernadel zweimal darüber (nicht durchschneiden!). Danach die beiden Giebelteile nach innen knicken. Die Klebelaschen nach hinten knicken.

d) Das Hauptteil ähnlich wie bei einer Ziehharmonika vor- und zurückknicken. Es muss auf die Form der Giebelteile passen. Dann die Klebelaschen der ersten Giebelseite mit Kleber einstreichen und das Mittelteil Stück für Stück darauf befestigen. Mit dem zweiten Giebelteil ebenso verfahren. Nun ist der erste Bauabschnitt fertig.

Auf dem ersten Bastelbogen findet ihr zwei Bauteile. Eines sieht ähnlich aus wie das eben gefertigte Kirchenschiff und ist seine Verlängerung. Die baut ihr genau so wie oben beschrieben. Auf der einen Giebelseite diesmal ohne Tür, dafür jeweils ein in der Mitte geteiltes Viereck und Dreieck. Hier wird die Apsis festgeklebt. Den Halbkreis knickt ihr unten nach vorne. Dann nehmt ihr das Bauteil für das Dach der Apsis und zieht es über einen Stift, so dass es sich wölbt. Klebt es so an die Rückwand, dass das Dreieck überdeckt wird. Zieht das zweite Bauteil über einen Stift und klebt es passend darunter. Die obere Klebelasche ist gezackt, damit sie die Wölbung mitmachen kann.

Zwischen diese beiden Bauteile kommt jetzt etwas Neues: Ein Querschiff. Dadurch erhält die Kirche, von oben gesehen, eine Kreuzform. Dieses Teil ist etwas schwerer zu bauen.

a) Das Teil insgesamt ausschneiden. Die beiden Giebelseiten bleiben an dem Hauptteil befestigt. Auf dem Mittelteil sind zwei größere weiße Flächen: die nicht ausschneiden!

b) Im Mittelteil befinden sich zwei Dreiecke mit Mauerwerk und Klebelaschen drum herum. An der jeweiligen Seite, wo das Dreieck mit dem Dach verbunden ist, gibt es eine Knicklinie. Die auch nicht durchschneiden! Ansonsten schneidet die Diagonale zwischen den Dreiecken durch, sowie um die Restseiten der Dreiecke herum. Am besten mit einem Cuttermesser und einem Lineal. Der weiße Hintergrund dieses Mittelteiles muss erhalten bleiben, da er später die Klebebasis für den Kirchturm abgibt. Er soll dort, wo er jeweils an das angrenzende weiße Teil stößt, verbunden bleiben. Dies sind auch zwei Knickstellen.

c) Jetzt wieder mit der Radiernadel alle Linien nachziehen. Dann alle Klebelaschen nach hinten knicken. Bei dem großen Mittelteil das Dach nach oben einknicken und die beiden Dreiecke jeweils nach innen. Die Giebelseiten nach hinten drücken, damit ihr das Mittelteil darauf festkleben könnt.

d) Die kleinen Dreiecke festkleben, die der ganzen Konstruktion mehr Halt geben. Später, wenn der Turm eingebaut ist, wird man sie nicht mehr sehen.

Jetzt werden die drei fertigen Bauteile zusammengefügt. Streicht die eine weiße Fläche des Querschiffes mit Kleber ein und befestigt sie am großen Mittelschiffteil. Achtet darauf, dass die Eingangstür vorne sichtbar ist. Dann wiederholt das Ganze und klebt das kleinere Bauteil auf der anderen Seite fest.

Jetzt könnt ihr den ***Turm*** auf dem zweiten Bastelbogen ausschneiden.

a) Lasst wieder alle Teile zusammen. Zieht alle Linien mit dem Lineal und der Radiernadel nach und knickt und klebt den Turm zusammen.

b) Beginnt beim Kleben mit dem Turm und setzt dann das Dach darauf.

c) Der fertige Turm wird in der Baulücke in der Mitte des Querschiffes befestigt.

d) Es bleiben vier kleine dreieckige Lücken, da unser Turm achteckig ist. Um diese zu schließen, schneidet ihr die vier kleinen Bauteile des zweiten Bastelbogens aus. Ritzt die Linien ein, streicht die Klebelaschen mit Kleber ein und drückt das jeweilige Bauteil in die Baulücke hinein. Dabei verschwindet jeweils ein kleines Turmfenster.

e) Wenn ihr mit Buntstiften gearbeitet habt, ist eure Arbeitsgruppe jetzt fertig. Ansonsten kommt jetzt ein lasierender Farbauftrag mit Aquarell- oder Acrylfarben hinzu. Dazu braucht ihr kleine Haarpinsel. Wenn ihr unterschiedliche Farbschichten übereinander legt, ist die Wirkung noch schöner.

Gottesburg: Bastelbogen 1

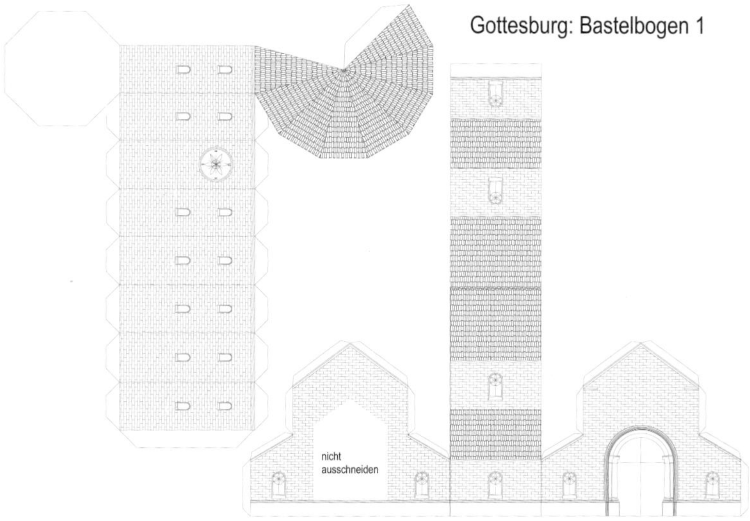

Gottesburg: Bastelbogen 2

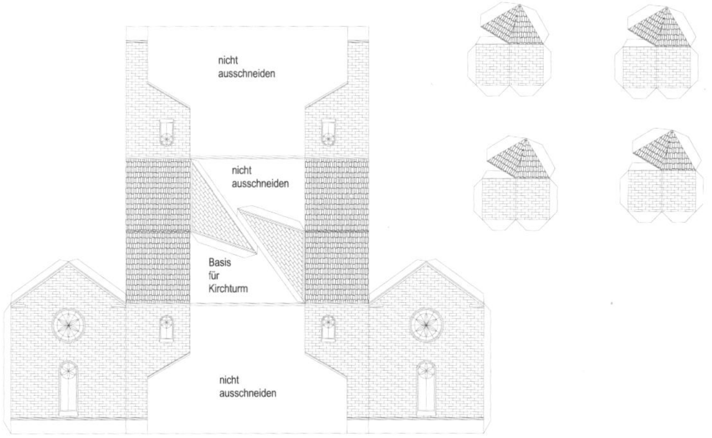

Plastik: Dämonenschreck

Technik: Papierrelief
Material: Entwurfspapier, Bleistift, Holzplatte, Ton, Modelierhölzer, alte Tücher, Plastiktüten, Frischhaltefolie, Zeitungspapier, Kleister, Tesakrepp, alter Bilderrahmen mit Hintergrundpappe oder Graupappe (DIN A2), Acrylfarben, Pinsel
Methode: Partnerarbeit

Aufgabe:
Die romanischen Skulpturen stehen meist vor Wände oder an Säulen. Sie sind nicht Abbildung der Natur, sondern Symbole. Eine romanische Besonderheit sind die figürlichen Darstellungen auf den Säulenkapitellen (Verbreiterungen am oberen Ende einer Steinsäule). Der Gestaltung besteht aus Ornamenten, manchmal aber auch aus seltsamen Figuren, vielleicht sogar Dämonen. Was die in einer Kirche zu suchen haben? Vielleicht sollten sie das Böse abwenden und sahen zur Abschreckung noch furchtbarer aus. Aber auch gute Geister waren zu sehen. Ihr könnt eure Fantasie spielen lassen.

Erfinde einen Dämonenschreck und stelle ein dreidimensionales Relief her.

a) Seht euch Abbildungen solcher Figuren an und entwerft eine eigene. Konzentriert euch dabei auf das Gesicht. Der Ausdruck des Gesichtes soll so stark sein, dass er „böse Mächte“ abwehren kann.

b) Legt einen mittelgroßen Klumpen Ton auf ein Holzbrett. Mit Hilfe eurer Finger, etwas Wasser und Plastizierwerkzeugen formt ihr jetzt eure gezeichnete Figur dreidimensional auf dem Brett. Ihr konzentriert euch auf die Vorderseite. Die Rückseite bleibt flach und wird später mit einer dicken Pappe verbunden.

c) Überdeckt die Plastik mit dünner, durchsichtiger Frischhaltefolie. Drückt sie in alle Vertiefungen hinein. Dann reißt ihr Zeitungspapier in Stücke, taucht sie in Kleister und überdeckt damit die ganze Folie. Drückt die Papierstücke immer gut an, sodass sich die Form der Plastik gut abbildet. Klebt zwei bis drei Schichten übereinander. Dann einige Tage trocknen.

d) Nehmt aus dem alten Bilderrahmen die Pappe oder die Graupappe. Zieht die Kleisterpapierfiguren vorsichtig vom Tonmodell ab. Die Folie wegwerfen, den Ton kann man wiederverwerten. Die Papierplastik mitten auf den Karton legen und an den Kanten ringsherum mit Tesakreppstreifen aufkleben.

e) Mit weißer Acrylfarbe grundieren, den Hintergrund bemalen – in Ocker oder Sandstein. Wenn alles getrocknet ist, die Einzelheiten farbig aufmalen, evtl. mit Schattierungen arbeiten. Dunklere Farben in die Vertiefungen malen, hoch heraus stehenden Teile mit weißer Farbe so betonen, als ob Licht darauf fallen würde. Wenn ihr einen Bilderrahmen habt, befestigt ihr die getrocknete Arbeit darin und hängt eure Dämonenschreckbilder dort in der Schule auf, wo ihr meint, dass es nötig wäre.

Bild: Buchmalerei

Technik: Zeichnung
Material: Zeichenblock (DIN A3), Bleistift, Lineal, Filzstifte, Fineliner
Methode: Einzelarbeit

Aufgabe:
Im Mittelalter war die Buchmalerei von großer Bedeutung. Sie wurde von Mönchen in den Klöstern, den Zentren der Gelehrsamkeit, durchgeführt. Sie hatten viel Zeit und arbeiteten sehr detailliert. Die Themen waren meistens religiös.

Für unsere praktische Aufgabe sollst du dir ein eigenes Thema aussuchen und einen passenden Buchtitel dafür erfinden. Er kann, wie damals, religiös sein. Oder auch ein weltliches Thema behandeln, wie die Liebe.

Entwirf einen Buchtitel.

a) Lege zunächst ein Zeichenblatt quer und unterteile es genau in der Mitte (ausmessen oder vorsichtig knicken). Zeichne mit Bleistift und Lineal auf die linke Blatthälfte ein hochkantes Viereck als erste Buchseite ein. Wiederhole das Ganze auf der rechten Hälfte für die zweite Buchseite. Um die zwei Vierecke herum sollte ein kleiner weißer Rand bleiben.

b) Beide Vierecke mit einem Rand versehen. Dazu innen mit Bleistift und Lineal jeweils ein etwas kleineres Viereck zeichnen. Diese ringsherum laufenden Ränder sollen später mit abstrakten Mustern verziert werden.

c) Auf die linke Seite kommt die wichtigste Stelle, die wichtigste Person oder der Höhepunkt deiner Geschichte. Welches Bild entsteht in deinem Kopf? Skizziere es zunächst mit Bleistift. Es muss nicht realistisch sein, hier ist Fantasie gefragt.

d) Entwirf auf der rechten Seite den Buchtitel. Zeichne zwei bis drei Hilfslinien ein, damit die Schrift gerade wird. Der erste Buchstabe des ersten Wortes wird stark vergrößert und dick gezeichnet. Er wird durch Verzierungen selbst ein kleines Kunstwerk. Der Rest wird mit schönen Buchstaben geschrieben. Darunter evtl. noch ein kleines passendes Bild einfügen. Anschließend mit Filzstiften oder Finelinern alles farbig gestalten. Suche Farben mit symbolischer Wirkung aus. Wenn etwas sehr Dramatisches passiert, darf der Himmel auch knallrot sein.

e) Verziere die beiden Umrandungen der Buchseiten und den ersten Großbuchstaben noch mit Mustern. Am Ende kannst du als Autor deines eigenen Buchtitels auf der rechten Seite unten mit deinem Namen unterschreiben.

Zeittafel

ca. 1150 n. Chr. bis ca. 1500 n. Chr.

Die Kultur

Der Name „Gotik“ war zunächst abwertend gemeint. Künstler der späteren Renaissance prägten ihn und meinten damit das „Barbarische“ der Westgoten, die ihrer Meinung nach das römische Reich zerstört hatten. Mit der erhabenen antiken Kunst habe diese Form nichts mehr zu tun, lautete ihr Vorwurf. Tatsächlich waren die Kunstformen der Gotik etwas ganz Eigenes, das sich in der Spätphase des Mittelalters entwickelte. Der Begriff wurde zum Namen einer ganzen Epoche.

Zu Beginn der Gotik veränderten sich die gesellschaftlichen Machtverhältnisse. Die beiden großen Institutionen des Mittelalters, die Kirche und der Kaiser, stritten um die Vorherrschaft. Dadurch entwickelte sich neben den Klöstern und dem Adel eine dritte Macht. Das waren neureiche Bürger in den größer werdenden Städten – wohlhabende Kaufmannsfamilien, die durch den Handel bis in den Orient hinein reich geworden waren. Die ersten Banken entstanden. Sie liehen Adligen, Königen oder Kirchenvertretern Geld für ihre Feldzüge oder andere Unternehmungen und wurden dadurch politisch immer einflussreicher. Dieses neue Bürgertum, die Kirchenfürsten sowie die Ordensleute der Klöster wurden zu den wichtigsten Kulturträgern der Gotik.

Die Theologie spielte noch immer eine bestimmende Rolle. Aber der Glauben wandelte sich. Neue Gedanken breiteten sich unter den Menschen aus. Die Bibel war nicht mehr die alleinige Basis für das Welt- und Menschenbild. Erste „fremde“ Texte aus dem Griechischen oder Arabischen wurden übersetzt und bereiteten die nachfolgende Neuzeit vor. Das Wissen und die Kultur beschränkten sich nicht mehr auf die Gelehrten und Adligen in Klöstern und Schlössern. In den Städten entstanden die ersten Universitäten.

Innerhalb der Religion entwickelten sich neue Gefühle, eine große Sehnsucht nach einer anderen Welt, nach dem Geheimnisvollen, einem mystischen Jenseits. Das ganze irdische Leben galt nur noch als Vorbereitung auf die Zeit nach dem Tod. Eine starke Trennung zwischen Diesseits und Jenseits, zwischen Leben und Tod, zwischen Körper und Geist prägte das Denken.

Diese religiösen Gefühle fanden ihren Ausdruck in der neuen Kunstform der Gotik. Das Geld der reichen Auftraggeber und die Spendenfreudigkeit der Stadtbevölkerung mit ihren gut organisierten Handwerkszünften machten gigantische Kirchenbauten wie die gotischen Kathedralen möglich. Der Machtkampf zwischen kirchlichen und weltlichen Herrschern veränderte die feste Ordnung der mittelalterlichen Welt. Die Philosophie brachte neue Gedanken in das geistig abgeschottete Europa. Den Künstlern gelang es, der veränderten äußeren Ordnung und dem verwandelten inneren Fühlen und Denken Ausdruck zu verleihen.

Die Kunst

In der **Architektur** dieser Epoche entstanden eine ganze Reihe neuer Gebäude: Rathäuser, Zunfthäuser, Schlösser, Burgen und Stadtmauern. Das wichtigste Symbol für diese Zeit aber ist die Kathedrale. Diese imposanten Gotteshäuser waren die steinernen Wahrzeichen der Städte. Ihre nach oben strebende Gestalt drückte das Bestreben der Menschen nach dem Überirdischen aus. Ihr geheimnisvolles Inneres versetzte sie in eine paradiesische Welt, in ein himmlisches Jerusalem und löste entsprechend starke, religiöse Gefühle bei den Menschen aus.

Während die Kirchen der Romanik eine Balance zwischen den vertikalen und horizontalen Kräften suchten und durch die schweren Mauern eher dem Element Erde verwandt waren, wuchsen die gotischen Kathedralen in den Himmel. Die Gotteshäuser wurden immer höher und alle Formen betonten die Vertikale. Die Anzahl der Verzierungen an den Außenseiten nahm stark zu, ihre Formen wurden spitz, eckig und in die Länge gezogen. Aus dem Rundbogen der Romanik wurde der Spitzbogen der Gotik.

Damit diese Bauweise möglich wurde, mussten die Baumeister und Handwerker ein Grundproblem lösen. Wie sollten immer höhere Wände, die zusätzlich durch große, hohe Glasfenster aufgebrochen waren, die große Last der Decke tragen? Im Inneren trugen starke sogenannte Bündelpfeiler die lastenden Teile. Aber die Wände wären durch den Schub von oben einfach zusammengebrochen. Doch dann hatten die Architekten eine geniale Idee: Neben den Außenwänden der Kirche bauten sie zusätzliche Stützpfeiler ein, die die Kraft von oben elegant nach unten auf die Erde ablenkten. Die Kathedralen waren Gesamtkunstwerke.

Die **Plastiken** wurden während der Gotik mehr nach außen verlagert. Die Steinskulpturen betonten baulich wichtige Stellen, wie das Portal, und schmückten immer öfter die Außenwände. Die teilweise verwirrende Dichte von Schmuckteilen und Skulpturen löste den Baukörper auf. So erreichten es die Baumeister, der riesigen Menge von Steinmaterial die Schwere zu nehmen. Innen wanderten die Figuren an die Strebepfeiler. Sie stellten Heiligengestalten, Bibelgeschichten und Legenden dar, die wieder naturalistischer, bewegter und lebendiger wirkten. In Mimik und Gestik konnte man wieder Gefühle erkennen. Die starren Körperformen der Romanik wurden durch die sogenannte S-Form abgelöst. Das ist eine Körperhaltung, die durch die unterschiedliche Benutzung von Stand- und Spielbein entsteht.

Gegen Ende der Epoche lösten sich die Plastiken mehr von den Wänden und näherten sich einer bewegten Vollplastik an. Diese Entwicklung kennt ihr schon aus der griechischen Antike von der archaischen Plastik hin zur klassischen Skulptur. Die gotischen Madonnen (Mariendarstellungen) waren jetzt wirklichen Müttern nachgebildet und von den Künstlern mit Anmut und Grazie ausgestattet. Sie folgten einem Schönheitsideal ihrer Zeit, mit ihnen konnten die Gläubigen mitfühlen.

Bei den **Bildern** entwickelten sich zwei neue Schwerpunkte: das Altarbild und die Glasmalerei. Beide waren entstanden, weil die neue Gestaltung der Kirchenwände mit den riesigen, hohen Fenstern keinen Platz mehr ließ für große Wandmalereien. Jetzt konzentrierte sich die Tafelmalerei auf die Holzplatten des sogenannten Flügelaltars. Diese Platten hatten auch für die Künstler Vorteile: Sie konnten sie im Atelier malen und machten sich dadurch unabhängiger von der Architektur. Nach wie vor prägten überwiegend religiöse Themen ihre Arbeit. Aber die Mal- und Sichtweise wurde auch hier etwas natürlicher. Zunächst verwendete man noch den Goldgrund. Doch dann wandelte sich der Bilderrahmen zu einem Fensterrahmen, durch den man in einen Raum hineinblicken konnte. Die Heiligen wurden vor Häusern aus der Umgebung dargestellt. Allerdings geschah dies alles noch ohne Zentralperspektive.

Die Figuren nahmen Gestalt an. Dies wurde durch die Erfindung der Ölfarbe sehr gefördert, die die bisherige Eitempera ablöste. Mit vielen Schichten (Lasuren) von Ölfarben konnte man viel besser Übergänge von hell nach dunkel malen, um Dreidimensionalität darzustellen. Wie in der Plastik wurden die unnahbaren Heiligen naturalistischer und dadurch auch menschlicher.

Steinernes Mauerwerk unterteilte die riesigen Fenster, in die Zwischenräume setzte man farbige Glasscheiben ein. Diese bunten Fenster verzauberten das einfallende Licht. Sie gaben dem Innenraum eine heilige Atmosphäre, in der das farbige Licht von oben auf die halbdunkle Erde des Kirchenraumes fiel. So entstand eine Mystik des Lichts. Die Fenster waren mit Ornamenten und Heiligenbildern gestaltet. Die Glaskünstler verwendeten reine Farben mit starken Kontrasten. Wenn ihr euch jetzt noch vorstellt, dass die freien Flächen zwischen den Fenstern, die Säulen und die Decke ebenfalls farbig bemalt waren, dann habt ihr eine Vorstellung davon, was das Ideal der Gotik war. In Paris gibt es ein gutes Beispiel dafür. Besucht neben der großen gotischen Kathedrale Notre Dame bitte die viel kleinere Saint Chapelle. Dann wisst ihr, was die Farben der Gotik waren. Auch der Kölner Dom gilt als Meisterwerk der Gotik.

Gotik — Praxis

Architektur: Kathedrale

Technik: Modellbau
Material: 4 gereinigte 1-Liter Milch- oder Safttüten, 2 gereinigte ½-Litertüten, Zeichenblockrücken (Pappe), langes Lineal, Bleistift, Präzisionsmesser, Arbeitsblatt, Tesakrepp, Schere, Zeitungspapier, Kleister, Acrylfarben, Kopierfolien, Entwurfspapier, Glasmalfarben, Pinsel, Dekomaterial, Heißkleber. *Zusatzmaterial:* Skizze zu den Arbeitsschritten (**CD**), Schablonen für Stützpfeiler und Fenster (**CD**)
Methode: Gruppenarbeit

Aufgabe:
Die gotischen Kathedralen sind hoch. Sie streben mit ihrer Architektur himmelwärts. Es gibt eine schöne, relativ einfache Technik, ein solches Kirchenmodell zu bauen.

Baut eine gotische Kathedrale.

a) Stellt die vier großen Tüten so hintereinander, dass sie sich berühren und die obersten Verbindungen eine Linie bilden. An die Seiten der zweiten Tüte stellt ihr die beiden kleineren Tüten. Wenn ihr von oben auf eure Ansammlung blickt, seht ihr eine Kreuzform. So werden alle Tüten später zusammengeklebt. Doch zunächst müsst ihr sie bearbeiten.

b) Mit einem Präzisionsmesser alle Böden herausschneiden, so dass die Tüten unten offen sind.

c) Eine Schablone für ein gotisches Kirchenfenster anfertigen. Dazu das entsprechende Arbeitsblatt benutzen. Das Fenster ausschneiden und probeweise auf eine Seite der ersten Milchtüte legen. Dann um die Schablone mit einem Filzstift eine Linie ziehen. Wiederholt dies auf der anderen Seite. Und bei drei der vier großen Tüten. Bei den kleinen Tüten nur jeweils auf einer Seite. Jetzt schneidet ihr die vorgezeichneten Fenster vorsichtig aus.

d) Legt die Fensterschablone auf eine durchsichtige Plastikfolie (evtl Kopierfolie) und zeichnet mit dem Folienstift die Fenster für alle Ausschnitte auf. In einer Ecke der Folie beginnen, aber etwas mehr Platz einplanen. Die Form wird nämlich etwas größer ausgeschnitten, damit die „Fenster" von innen in die Ausschnitte geklebt werden können.

e) Die Schablone für jedes Fenster mittig auf ein Entwurfspapier legen. Mit dem Bleistift drum herumzeichnen, so dass die Form des Fensters auf dem Papier erscheint. Dann die einzelnen Folienstücke (Fensterscheiben) oben an einer Stelle auf den Entwurfspapieren mit Tesakrepp festkleben, damit sie nicht mehr verrutschen können. Nun zeichnet ihr Entwürfe für die Gestaltung der Fenster auf das Papier, nachdem ihr die Folienstücke hochgeklappt habt. Was ihr für Motive nehmt, traditionelle oder abstrakte, liegt ganz bei euch. Jetzt werden die Folienstücke zurückgeklappt, unten auch festgeklebt, und ihr beginnt mit dem Ausmalen. Dazu braucht ihr dünne Haarpinsel und Glasmalfarben. Nehmt reine, leuchtende Farben.

Diese Arbeitsgänge werden von einem Teil der Gruppe durchgeführt, während die anderen das Gebäude zusammensetzen. Dafür werden die Tüten, wie anfangs beschrieben, wieder zusammengesetzt. Ihr verbindet sie mit Klebestreifen, so dass ein Baukörper entsteht. Der Kirchturm wird folgendermaßen hergestellt:

a) Nehmt die Rückwand eines alten Zeichenblockes und legt sie im Querformat vor euch hin. Teilt die Pappe in vier gleich große Streifen ein. Zum Ausmessen ein langes Lineal nehmen.

b) Die vier Streifen auseinanderschneiden. Oben (auf den letzten 4 Zentimetern) ein Dreieck einzeichnen, mit der Spitze nach oben, genau in die Mitte. Die Reststücke rechts und links wegschneiden.

c) Die 4 Streifen mit Tesakreppstücken gut zusammenkleben. Die vier oberen Dreiecke zur Mitte drücken bis sie sich berühren und ebenfalls festkleben. Jetzt habt ihr einen Kirchturm mit einer Spitze. Dieser wird ebenfalls an der Kopfseite des Kirchenschiffes festgeklebt.

Alternativ könnt ihr zwei schmale Kirchtürme herstellen. Dazu unterteilt ihr die Graupappe in acht Streifen. Der Rest wird, wie oben beschrieben, durchgeführt.

Dann braucht ihr ein Stück Pappe für die Stützpfeiler. Diese gaben den Kathedralen ihre Stabilität. Eigentlich ist ein Stützpfeiler eine Art Turm, der oben eine Spitze hat. Er steht außen um die Kirche herum und wird an zwei Stellen durch Bögen mit der Kirchenwand verbunden. Dies wiederholt sich mehrfach. Sie sollten bei unserem Modell nicht höher sein als der Beginn des Daches. Ihr findet auf unserem Arbeitsblatt ein vorgezeichnetes Beispiel, das ihr als Schablone verwenden könnt.

a) Legt die Schablone auf das Stück Pappe und schneidet, wie beim Fenster beschrieben, 6 oder 7 Stützpfeiler heraus. Sie werden zwischen den Fenstern an den Außenwänden mit Tesakrepp befestigt. Einer kann vielleicht hinten angebracht werden.

b) Den gesamten Rohbau nun mit hellem Makulaturpapier oder Zeitungspapier einkleistern. Reißt das Papier in kleine Stücke, kleistert Teile des Modells von außen mit einem Pinsel ein und klebt die Stücke auf. An den Verbindungsstellen verschiedener Einzelteile zwei Schichten kleben, ansonsten reicht eine Schicht. Das Ganze muss vollständig trocken sein, bevor ihr weiterarbeiten könnt.

c) Zum Bemalen und Verzieren der Kathedrale Acryl- oder Abtönfarben nehmen, die gut decken. Einigt euch auf eine Grundfarbe. Mit dieser bemalt ihr das ganze Modell, sodass kein Papier mehr zu erkennen ist. Dabei das Dach und das Mauerwerk farblich voneinander abheben. Welche Verzierungen ihr anbringt, liegt ganz bei euch. Ihr könnt mit dünnen Pinseln und einer Kontrastfarbe Schmuckformen aufmalen. Kleine Gegenstände, wie ein Kreuz für den Kirchturm, werden extra hergestellt und aufgeklebt. Vorne solltet ihr eine Tür aufmalen.

d) Zuletzt die fertigen Glasfensterfolien von innen festkleben. Nehmt am besten einen Heißkleber und fügt die Fenster von unten in das Gebäude ein. Das ist nicht ganz einfach, da ihr nicht mit den Fingern bis oben hineinkommt, um sie fest anzudrücken. Nehmt dafür einen umgedrehten Pinsel oder ein Stück Holz. Dann ist eure Kathedrale fertig.

Plastik: Säulenheilige

Technik: Malerei
Material: Rolle Paketpapier, Bleistift, Zeichenkohle, Wasser- oder Temperafarben, Borstenpinsel, Schere, Doppelklebeband
Methode: Gruppenarbeit (3–4 Personen)

Aufgabe:
Die gotischen Skulpturen sahen schon natürlicher aus als die romanischen. Es waren in der Regel jedoch immer noch keine Abbildungen von lebendigen Menschen. Sie drückten weiterhin tiefe religiöse, innerliche Gefühle aus. Die Heiligen an den Säulen waren Teil des Eingangsportals und damit an die Architektur angebunden. Andere waren an den Wänden oder tragenden Säulen angebracht. Solche sogenannten Säulenheilige nehmen wir uns für die Praxisaufgabe zum Vorbild. Wir wollen „moderne Säulenheilige" entwerfen. Fast jede Schule hat eine Reihe grauer Betonsäulen, eckig oder rund. Die wollen wir bekleben.

Malt eine Säulenheilige oder einen Säulenheiligen.

a) Messt zuerst die Breite eurer Säulen aus.

b) Legt das Paketpapier auf dem Boden aus, übertragt die Maße der Säulenbreite auf das Papier und schneidet in der Breite ab. Ist die Säule z. B. 30 cm breit, schneidet ihr einen Streifen von 30 cm in der Länge der Papierrolle. Ist sie 2 m lang? Macht nichts, Säulenheilige dürfen lang und dünn sein.

Thomas Butzlaff: Kunstgeschichte kreativ: Steinzeit bis Klassizismus

c) Überlegt, wie eure Figur aussehen soll: Mehr wie ein Engel oder eher wie ein Mensch? Soll sie weiblich oder männlich sein, ein langes Gewand haben oder vielleicht moderner gekleidet sein? Zeichnet die Figur mit Bleistift oder Zeichenkohle auf das Papier. Die Arme liegen eng an.

d) Beginnt mit dem Ausmalen. Ihr braucht alle einen mitteldicken Borstenpinsel und Temperafarben. Zuerst alle Linien sorgfältig schwarz nachziehen und trocknen lassen. Bestimmt dann die Farben für die Kleidung. Für Hände und Gesicht nehmt Hautfarbe. Mit gesäuberten Pinseln und frischem Wasser die Figur ganz ausmalen. Hintergrund nicht bemalen.

e) Wenn alles trocken ist: Hintergrund mit einer Schere wegschneiden.

f) Säulenheilige umdrehen und an verschiedenen Stellen außen herum kleine Stücke Doppelklebeband kleben. An die Säule anpassen. Erst wenn ihr wisst, wohin die Säulenheilige geklebt werden soll: die zweite Schutzfolie vom Doppelklebeband entfernen. Von oben anfangen zu kleben, dabei den unteren Teil der Figur noch von der Säule weghalten. Drückt zuerst das Gesicht fest, dann die Schultern usw. Zum Schluss: Macht noch schnell ein Foto von eurer Gruppe vor dem Werk!

Bild: Kirchenfenster

Technik: Collage
Material: Schwarze Pappe (DIN A2 oder DIN A1), Bleistift, langes Lineal, Zirkel, Präzisionsmesser, Transparentpapier, Schere, Klebstoff, schwarzer Filzstift
Methode: Gruppenarbeit (3–4 Personen)

Aufgabe:
Große Fenster mit farbigen Glasscheiben waren sehr wichtig für die Wirkung einer gotischen Kirche. Wenn man als armer Gläubiger in die Kirche kam und sah, wie das Sonnenlicht das dunkle hohe Kirchenschiff zum Erstrahlen brachte, fühlte man sich fast wie im Himmel. Die Menschen hatten damals eine viel engere Beziehung zu religiösen Kunstwerken als heute. Es konnte passieren, dass sie vor Ergriffenheit weinten.

Stellt ein gotisches Kirchenfenster als Papierbild her.

a) Legt das Format eures Fensters fest, gebt 2 cm für den Rand dazu und schneidet die schwarze Pappe im Hochformat zurecht. Die Fenster können klein oder groß sein, auf jeden Fall sind sie schmal und hoch und haben oben einen Spitzbogen. Das Schwarz ergibt später einen schönen Hell-Dunkel-Kontrast zu den farbigen Papieren.

b) Arbeitet zunächst auf der Rückseite der Pappe. Messt ringsherum 2 cm ab, markiert die Abstände mit Punkten und zieht mit einem langen Lineal einen Rand, der das spätere Bild zusammenhalten wird. Von der inneren Linie zieht ihr jetzt den Spitzbogen im oberen Bereich des Bildes auf die Mitte zu. Ihr legt dafür oben zwei Punkte links und rechts auf der inneren Linie des Randes fest. Dann messt ihr ganz oben genau die Mitte aus. Auf diesen Punkt zieht ihr beide Bögen mit der Hand zu. Alles was innerhalb dieser vorgezeichneten Fensterform liegt, steht euch zur freien Gestaltung zur Verfügung.

c) Einigt euch, welche Art von Fenster ihr gestalten wollt. Ein traditionelles Heiligenbild? Ein religiöses Symbol? Eine abstrakte Komposition? Macht davon einen Entwurf auf Papier. Ihr müsst dabei unbedingt darauf achten, dass zwischen allen Einzelheiten, die ihr später ausschneiden werdet, ein schmaler schwarzer Papprand stehen bleibt!

d) Legt zum Ausschneiden unter eure Pappe ein dünnes Holzbrett oder eine dickere Pappe. Mit dem Präzisionsmesser jetzt sehr vorsichtig Stück für Stück die einzelnen Flächen exakt ausschneiden. Dabei die Stege stehen lassen! Falls doch versehentlich mal einer abgeschnitten wird, kann man einen ähnlichen Steg herstellen und von hinten mit Flüssigkleber wie eine Schiene aufkleben.

e) Aus dem Transparentpapier Stücke herausschneiden, die jeweils etwas größer als die vorgesehene Fläche sind. Auf die passende Stelle legen und die Form mit dem Bleistift genau nachzeichnen. Die Form muss so groß sein, dass ihr sie auf den umgebenden Stegen der Pappe exakt festkleben könnt. So wächst das ganze Bild Stück für Stück weiter.

f) Zum Schluss noch die Einzelheiten, wie Augen, Nase und Mund mit einem schwarzen Filzstift auf die entsprechende Fläche des Transparentpapiers zeichnen. Dann ist euer gotisches Kirchenfenster fertig und ihr könnt es vorsichtig an ein Schulfenster kleben.

Zeittafel

ca. 1420 n. Chr. bis ca. 1600 n. Chr.

Die Kultur

Die Renaissance begann im 15. Jahrhundert in Italien. Mit der Renaissance begann die Neuzeit. Ihr Name ist eigentlich französisch und bedeutet Wiedergeburt. Gemeint ist die Wiedergeburt der Antike, denn altes Wissen und der Gedanke an den Menschen als Individuum wurden wieder wichtig. Der Übergang von der Gotik zur Renaissance vollzog sich allmählich. Dabei gingen die europäischen Länder unterschiedliche Wege.

Alles begann in den Köpfen einiger Menschen. Sie entwickelten neue Ideen über die Welt, die Menschen und ihr Zusammenleben. Zu den herrschenden Vorstellungen der Kirche kamen zwei neue Bereiche der Kultur, die alles veränderten: die Philosophie und die Wissenschaft. Plötzlich ging es nicht mehr ausschließlich um Glauben, sondern auch um Denken, Forschen und Wissen! Wie war das möglich?

Schon im Spätmittelalter waren die reichen Bürger in den Städten zu einflussreichen Kulturträgern geworden. Die uneingeschränkte Macht des Papstes war durch ständige Auseinandersetzungen und inneren Verfall angegriffen. Und die Menschen begannen, sich gegen die Alleinherrschaft der Kirche im Denken zu wehren. Im Mittelalter zählte allein der Glaube. Er musste genügen, um die Welt im Diesseits und Jenseits zu erklären. Das Wissen und die Kunst der Alten brauchte man dazu nicht, sie wurden von der Kirche sogar verboten. Dies hatte dazu geführt, dass Gelehrte anderer Kulturen, wie die Araber oder Juden, die solche Verbote aus ihren Religionen nicht kannten, viel mehr Kenntnisse in der Medizin, Astronomie und anderen Gebieten sammeln konnten als die Christen. Allmählich kehrten diese Kenntnisse in das Abendland zurück. Die Erfindung des Buchdruckes (1450 n. Chr.) führte dazu, dass sich solche Schriften viel leichter verbreiten ließen.

Auch die Eroberung von Byzanz (heute Istanbul) durch die Türken (1453 n. Chr.) war in diesem Zusammenhang wichtig. Da seit dem 6. Jahrhundert n. Chr. die byzantinische Kultur durch die Griechen geprägt war, lagerten hier viele wichtige Schriften der Antike in Originalsprache. Nach dem Zusammenbruch des byzantinischen Reiches flohen viele Gelehrte nach Italien und brachten ihre Bücher und ihr Wissen mit. Sie trugen wesentlich zur Belebung von Philosophie und Wissenschaften in ihrer neuen Heimat bei.

Die wissenschaftliche Auseinandersetzung mit den Ideen der Antike nennt man heute Humanismus. Diese Philosophie ist untrennbar mit der Renaissance verbunden. Die Humanisten stellten in ihrem Weltbild den Menschen in den Mittelpunkt. Aus dem kollektiven Menschenbild des Mittelalters (die Gemeinschaft ist alles, der Einzelne ist nichts) entwickelte sich das Bild des Menschen als Individuum. Der Einzelne konnte und sollte seine Persönlichkeit durch Lernen und Wissen entwickeln und seine schöpferischen Kräfte frei entfalten, ohne den Zwängen der Kirche und weltlichen Herrscher zu unterliegen.

Durch die Befreiung enger mittelalterlicher Grenzen entwickelte sich ein neuer Forschergeist, der das ganze Leben veränderte. Auch die Natur wurde zum Thema in Wissenschaft und bildenden Künsten. Genies wie Leonardo da Vinci oder Michelangelo waren sowohl Naturforscher, Ingenieure als auch Erneuerer der Malerei und Bildhauerei. Sie gehörten zu den ersten, die menschliche Körper sezierten, um sie anatomisch richtig darstellen zu können.

Die weite Natur erschien als Hintergrund auf den Bildern. Die Zentralperspektive wurde erfunden, um den Bildern ein Gefühl von Raum und Tiefe zu geben. Auch die Plastiken lösten sich ganz von der Wand und eroberten den Raum. Hier könnt ihr gut sehen: Alles begann mit neuen Ideen. Die führten zu einem neuen Lebensgefühl, das die Künstler in ganz neuen Kunstwerken ausdrückten. Die Kunst der Antike wurde zwar ausführlich studiert, gelesen und ausgemessen, aber nicht kopiert. Die Renaissance wurde eine wichtige eigenständige Kulturepoche, die in Europa eine Zeitenwende auslöste.

Die Architektur

Italien war die Wiege der Renaissance. Natürlich, könnte man denken. Wenn es um die Wiedergeburt der Antike ging, standen dort ja noch die Ruinen der römischen Welt. Tatsächlich begann die Veränderung in den Herzen und Köpfen der Menschen. Ein neuer Geist wehte ins Abendland. Italien war dafür aus vielen Gründen empfänglich.

Zum einen beherrschte die Gotik die Kunst dort niemals so stark wie im Norden. Die italienischen Kirchen waren ohne die starke Betonung der Vertikalen gebaut. Dadurch nahmen sie das Grundgefühl der Renaissance vorweg: das Gefühl für Gleichgewicht, das Streben nach der goldenen Mitte.

Zum anderen spielte wiederum das Geld eine Rolle, die finanzielle Basis für Kreativität und Neubeginn. Neben dem Adel waren reiche Bürgerfamilien entstanden, die in die Kunst investierten, um ihre neu gewonnene Macht zu zeigen.

Politisch war Italien in viele kleine Staaten zersplittert, was zu Rivalitäten ihrer Herrscher führte. Natürlich konkurrierten sie um Macht und Vorherrschaft, aber auch um ihren Ruf und ihr Ansehen. Zur Demonstration des Wohlstands gehörte es, bedeutende Menschen an den Hof zu holen, um ihm Glanz zu verleihen. Dies konnten Dichter, Denker, Forscher und natürlich auch Künstler sein. Dadurch kannten sich viele bedeutende Künstler persönlich. Sie lernten voneinander, inspirierten sich gegenseitig und wetteiferten miteinander.

Die Künstler eroberten die Natur und damit den Raum. Sie wollten die Schönheit des menschlichen Körpers ausdrücken und nahmen seine Proportionen sogar als Vorlage für die neuen Gebäude. Was war das Typische an dieser neuen Architektur?

- Die Bewunderung für die Architektur der Antike.
- Ein Gefühl von Harmonie, das durch das Gleichgewicht der Proportionen (Größenverhältnisse) entstand.
- Eine Vorliebe für klare Formen.
- Die Zentralbauten mit runden Kuppeln, die bei Kirchen bevorzugt wurden.
- Die Profanbauten (weltliche Gebäude) wie Landvillen und Stadtpaläste (Palazzos) für reiche Bürger, die stark an Bedeutung gewannen.

Die Ruinen der Römer wurden von den Renaissance-Architekten studiert und vermessen, um von den Baukünsten der Vorfahren zu lernen. Als ein altes Buch mit den Regeln der antiken Baukunst wieder auftauchte, wurde es zu einer Offenbarung der Baumeister. Einer der bedeutendsten Architekten war **Filippo Brunelleschi** , der sowohl Kirchen und Paläste wie auch die Kuppel des Domes von Florenz entwarf und bauen ließ. Dabei wurden alle Einzelteile mathematisch genau berechnet, um eine möglichst harmonische Wirkung zu erzielen. Der kirchliche Zentralbau mit seinem symmetrischen Grundriss auf einem Kreis oder einem gleichschenkeligen Kreuz wurde zum Ideal dieser Architektur. Die bautechnisch schwierigen Kuppeln wurden von den Römern übernommen. Überflüssige Dekorationen wurden weggelassen, damit die klar gegliederten Bauformen zu erkennen waren.

Die Stadtpaläste boten gute Gelegenheiten, die neuen Bauregeln anzuwenden. Sie wurden in drei gleich hohe Stockwerke eingeteilt, hatten Rundbogenfenster und glichen kleinen städtischen Festungen. Dies war nötig, da ihre Besitzer immer wieder in blutige Auseinandersetzungen mit anderen Familien verwickelt waren.

Die Plastik

Der Mensch rückte auch hier in den Mittelpunkt. Neben den religiösen Motiven tauchten jetzt weltliche Themen auf. Die mythologischen Geschichten der Antike inspirierten das Menschenbild der Künstler. Die Figuren rückten mehr und mehr aus der Architektur heraus, es gab wieder freistehende Vollplastiken. Durch das Studium der Anatomie wurden die Figuren immer natürlicher und später auch bewegter. Die ersten Aktdarstellungen entstanden. Die Porträtbüsten hochgestellter Auftraggeber wurden immer ähnlicher und drückten das Individuelle der Person aus. Viele hochbegabte Bildhauer arbeiteten in dieser kreativen, von Zwängen befreiten Zeit gleichzeitig als Maler und Architekten.

Lorenzo Ghiberti war der erste, der die Gesetze der ca. 1420 n. Chr. erfundenen Zentralperspektive auf die Reliefkunst übertrug. Bei den sogenannten Paradiestüren der Taufkirche in Florenz gestaltete er die Hintergründe so, dass sich der Raum öffnete und die Figuren nach Größe gestaffelt eine starke Dreidimensionalität und Tiefe ausdrückten.

Der Bildhauer **Donatello** war ein solcher Könner, dass er in allen Techniken arbeiten konnte – Holz, Bronze und Stein. Er schuf mit seinem „David“ die erste lebensgroße, freistehende Aktfigur seit der Antike. Mit dem ersten Reiterstandbild seiner Zeit stellte er einen Heerführer mit idealisierter Würde dar.

Der berühmteste Bildhauer dieser Zeit war **Michelangelo Buonarroti**. Dieser bereitete schon die nächste Epoche der Kunst vor, indem er die klassische Balance der Figuren zwischen Ruhe und Bewegung verließ. Seine Darstellungen menschlicher Körper wurden immer bewegter, unruhiger und spannungsvoller. Er drückte starke Empfindungen in den Gesichtern und den Körperhaltungen aus. Mit seinen Marmorskulpturen hinterließ er Meisterstücke, die bis heute bewundert werden.

Die Bilder

Durch die Befreiung von allen Malregeln, die ihren Ursprung im religiösen Weltbild der Gotik hatten, kam es zu großen Neuerungen. Man versuchte immer mehr, den christlichen Glauben mit antiker Philosophie zu verbinden. In der Frührenaissance überwogen noch die christlichen Motive, in der Spätrenaissance standen die antiken oder weltlichen Themen im Vordergrund. Der göttliche Geist sprach durch die Schönheit des menschlichen Körpers. Weil der Mensch zum Mittelpunkt der Schöpfung wurde, traten auch Natur und weltliche Dinge ins Blickfeld der Maler. Der Raum um uns herum wurde wieder als Außenraum erlebt und dargestellt. Wer waren die Künstler, die die Neuerungen in die Malerei einbrachten?

Giotto war der erste Maler, der die äußere Realität ins Bild hineinmalte.

Masaccio wendete als Erster die ca. 1420 n. Chr. erfundene Zentralperspektive bei einem Wandbild an. Der Betrachter blickte in einen Raum, der mathematisch genau berechnet war. Durch die Verwendung eines Fluchtpunktes, in dem alle Linien zusammenliefen, schuf er die Illusion eines in die Tiefe gehenden Raumes.

Jan van Eyck fügte als Erster Gegenstände des alltäglichen Lebens in die Darstellung von häuslichen Innenräumen ein. Er perfektionierte die neue Technik der Ölmalerei, mit der man viel besser als früher die Wirklichkeit darstellen konnte.

In Deutschland arbeitete **Albrecht Dürer** an der idealen Darstellung menschlicher Körper und Portraits.

Waren die Menschen- und Naturdarstellungen der Früh- und Hochrenaissance exakte Abbildungen der Wirklichkeit, änderte sich dies in der Spätrenaissance. In dieser Phase arbeiteten in Italien zwei geniale Künstler: **Leonardo da Vinci** und **Raffael**.

Die Figuren, die sie schufen, waren eine Mischung aus genau studierter Natur und idealen Formen, die mathematisch erfasst wurden, um eine möglichst ideale Schönheit und Lebendigkeit auszudrücken. Leonardo war das Ideal des Renaissancemenschen. Er war Künstler, Wissenschaftler und Ingenieur. Er machte großartige Erfindungen, die auf seinem Studium der Naturgesetze basierten. So erfand er einen Gleitflieger, einen Hubschrauber, einen Panzer, einen Taucheranzug und vieles mehr. Fast alle diese Dinge hätten damals schon nach seinen Angaben funktionieren können, wurden aber erst Jahrhunderte später gebaut.

In der Malerei erreichte **Leonardo** eine Feinheit in der Darstellung von Empfindungen, die unerreicht blieb. Er nutzte dazu all seine Kenntnisse von der Anatomie. Seine Hell-Dunkelmalerei wirkte plastisch und lebendig. Die Hintergründe öffneten sich weit in die Tiefe. Hierbei wendete er die sogenannte Luftperspektive an, bei der alle Dinge in weiterer Ferne bläulich und verschwommen wirken.

Der junge **Raffael** arbeitete zeitgleich an der großartigen Ausmalung von Räumen im Vatikan in Rom. Seine Bildkompositionen drückten Gleichgewicht und Harmonie aus. **Michelangelo**, der Bildhauer, malte gleichzeitig die berühmten Deckengemälde in der Sixtinischen Kapelle in Rom. Mit diesen dreien und vielen anderen großen Künstlern erreichte die Kunstgeschichte einen Höhepunkt.

Renaissance — Praxis

Architektur: Prachtgebäude

Technik: Zeichnung
Material: Zeichenblock, Vorlagen, Bleistifte in verschiedenen Stärken, Radiergummi etc.
Methode: Einzelarbeit

Aufgabe:
Die Abbildung der äußeren Wirklichkeit wurde in der Renaissance immer wichtiger. Deshalb wählen wir für die Architekturaufgabe dieser Epoche eine ganz traditionelle Technik: das Abzeichnen.

Zeichne ein Prachtgebäude.

a) Lege dir die Abbildung eines Renaissancegebäudes zum Abzeichnen hin. Fange mit dünnen Umrisslinien an, um die Proportionen so gut wie möglich zu erfassen. Nimm ruhig ein Lineal zu Hilfe, um die Maße der Vorlage auszumessen und zu übertragen. Dies ist keine Fantasieaufgabe, sondern ein Studium der äußeren Welt. Wenn du komplizierte Gebäude zeichnest, kannst du zu deiner Entlastung auch unwichtige Einzelheiten weglassen. Welche das sind, entscheidest du.

b) In der zweiten Phase beginnst du mit dem Einzeichnen der Hell-Dunkelwerte. Schau genau hin, wo die dunkelsten Stellen sind. Wo sind mittelgraue oder hellgraue Gebäudeteile? Und wo musst du Stellen ganz weiß lassen? Das ist eine Geduldsarbeit!

Plastik: David

Technik: Bilderstellen und Zeichnung
Material: Fotoapparat, Requisiten, Fotokopierer, Bleistift, schwarzer Kugelschreiber oder Filzstift, weißer Lackstift oder Tipp-Ex
Methode: Partnerarbeit und Einzelarbeit

Aufgabe:

Der erste lebensgroße Akt seit der Antike wurde von dem Renaissancekünstler **Donatello** geschaffen. Es war eine Skulptur von David, welcher sich im Kampf mit Goliath befindet. Es war also eine christliche Geschichte, aus der er eine Figur darstellte. David wurde als Akt gezeigt, ganz in der Tradition der antiken Athleten. Donatello nahm sich damit eine große künstlerische Freiheit heraus, um die Stärke des Helden zu betonen. David hat im Kampf sicher anders ausgesehen.

Dieses Thema ist von zwei weiteren Bildhauern aufgegriffen worden: **Verrocchio** und **Michelangelo**. Wenn ihr diese drei Darstellungen vergleicht, fallen euch sicher große Unterschiede auf. Verrocchios David ist kein Athlet, sondern sieht aus wie ein zarter Knabe, mit dem riesigen, abgeschlagenen Kopf Goliaths zu seinen Füßen. Er hat auch durch seine Kleidung fast etwas Weibliches. Dadurch erscheint das Wunder seines Sieges über den körperlich überlegenen Feind noch größer.

Michelangelos David ist noch kein Sieger. Er hält seine Schleuder noch gesenkt und blickt gezielt in die Ferne. Der Künstler wählte den spannenden Moment kurz vor dem Kampf aus, wo David seinem Gegner fixierend ins Auge sieht. Er zeigte damit seine Entschlossenheit. Jeder Bildhauer betonte also eine andere Eigenschaft des Hirtenjungen und stellte einen anderen Moment des Kampfes dar.

Erstellt eine Davidfigur.

a) Bildet Zweiergruppen. Jeder von euch soll eine eigene Davidfigur darstellen. Überlegt euch zunächst: Welche Charaktereigenschaft eures Helden wollt ihr betonen? Welchen Moment innerhalb des Kampfes wollt ihr zeigen?

b) Dann probiert zunächst einer eine Körperhaltung aus. Achtet dabei auch auf den Gesichtsausdruck, die Mimik. Ihr könnt Requisiten für die Waffen benutzen. Der Partner gibt Hilfestellung und Rückmeldung, wie die Figur wirkt. Er kann auch die Position Goliaths einnehmen, um einen konkreten Feind zu haben, den ihr anvisiert. Dann wechselt ihr die Rollen.

c) Macht Fotos von euch in der Rolle des David

d) Stellt Schwarz-Weiß-Kopien der Fotos her, Überzeichne dann mit schwarzen Stiften deinen David so, dass sein Charakter noch mehr betont wird. Fange mit einem Bleistift an und gehe dann zum Fineliner oder Kugelschreiber über. Wenn du willst, kannst du auch mit weißen Lackstiften dunkle Stellen überzeichnen oder mit Mustern versehen. Vielleicht willst du auch Rüstungen zeichnen und Details hinzufügen.

e) Wenn du Goliaths abgeschlagenen Kopf darstellen willst, kannst du in der Kunstgeschichte nachsehen, da es sich um ein häufig gemaltes Motiv handelt. Wenn du ihn nicht selbst zeichnen kannst, schneide ihn aus einer Schwarz-Weiß-Abbildung eines Gemäldes aus und füge es bei dir ein. Du kannst auch andere Teile mit der Collagetechnik einarbeiten.

Bild: Portraits

Technik: Zeichnung oder Malerei
Material: Zeichenblock, Bleistift, Radiergummi, Lineal, Spiegel oder Foto, Wasserfarben, Pinsel. *Zusatzmaterial:* Kopfproportionen (**CD**)
Methode: Einzelarbeit

Aufgabe:
Portraits erlebten in der Renaissance eine Blütezeit. Adlige, Herrscher und alle, die es sich leisten konnten, ließen sich malen. Die Künstler bemühten sich, das ganze Wesen des Dargestellten zum Ausdruck zu bringen, und sie malten auch sich selbst. Ihr Selbstbildnis versteckten sie nicht mehr irgendwo in einer Gruppendarstellung, sondern machten es zum eigenen Thema der Malerei. Berühmt ist das Selbstbildnis Albrecht Dürers. Er stellt sich selbstbewusst, mit langen Haaren dem Betrachter frontal entgegen und schaut ihn an. So sah ein erfolgreicher Künstler der Renaissance aus.

Zeichne ein Portrait oder ein Selbstportrait.

a) Wichtig ist, dass die Größenverhältnisse (Proportionen) stimmen, die Ähnlichkeit steht nicht im Vordergrund. Du kannst mit Fotovorlagen von dir oder Familienmitgliedern oder Freunden arbeiten. Oder du nimmst ein Foto aus einer Zeitschrift. Das Gesicht sollte von vorn fotografiert sein. Alle anderen Sichtweisen machen die Aufgabe noch schwerer. Wenn ihr kleinere Fotos habt, kann es hilfreich sein, sie zu vergrößern. Die schwerere Variante ist es, eine Person zu bitten, dir Modell zu sitzen.

b) Beginne die Aufgabe mit dem Einzeichnen von dünnen Hilfslinien. Lege das Zeichenblockblatt hochkant und benutze ein Lineal. Zeichne eine Mittelachse von oben nach unten ein. Sie hilft dir, beide Gesichtshälften gleich groß zu machen.

c) Miss drei gleich große Felder aus und zeichne jeweils eine Querlinie dort ein.

d) Unterteile das Gesicht in drei gleich große Felder. Da hinein wird dünn die Kopfform gezeichnet. Sie ist ungefähr eiförmig. Je nach Gesicht, kann sie schmaler oder breiter sein. Die Augen liegen direkt unter der zweiten Linie. Die Augenbrauen liegen darüber. Die Nase endet auf der dritten Linie. Der Mund liegt genau zwischen Linie drei und vier. Die Ohren liegen zwischen der zweiten und dritten Linie. Die Frisur reicht noch ein ganzes Stück über die erste Linie hinaus. Bei Kinderbildern muss das Feld für den Oberkopf vergrößert werden. Damit du die Lage beider Augen genau hinbekommst, kannst du mit dem Lineal ausmessen, wie weit sie jeweils von der Mittellinie entfernt sind.

e) Wenn du alle Umrisslinien fertig hast, radiere die Hilfslinien wieder weg. Jetzt geht es um die Einzelheiten. Sieh dir die Augen genau an und zeichne die Pupillen, die Wimpern etc. genau hinein. Das gleiche machst du mit Nase, Mund, usw.

f) Am Ende kannst du noch ein wenig Schattierungen anbringen, wenn du willst. Schau dafür genau hin, von welcher Seite das Licht kommt und zeichne die gegenüber liegende Gesichtshälfte etwas dunkler. Die Nase wirft einen Schlagschatten.

Zeittafel

ca. 1600 n. Chr. bis ca. 1730 n. Chr.

Die Kultur

Der Begriff „Barock“ war zunächst, ähnlich wie „gotisch“, ein Schimpfwort. Er stammte aus dem Portugiesischen und bezeichnete eine „schiefrunde“ Perle, später wurde er gleichgesetzt mit „seltsam“ und „wunderlich“. Viele Kunstformen des Barock entsprachen nämlich nicht der herrschenden Sichtweise.

Die Zeit des Barocks ist eine Phase der Erneuerung und des Aufbruchs in Europa, aber auch eine Zeit von Kriegen, Seuchen und Hungersnöten. Mit der Reformation Martin Luthers entstand die protestantische Kirche, die sich von Deutschland aus in ganz Europa verbreitete. Heftige Kämpfe entbrannten um die einzig gültige, religiöse Wahrheit und die damit verbundene politische und ökonomische Macht. Dieser Krieg wurde der „Dreißigjährige Krieg“ genannt, denn er dauerte tatsächlich 30 Jahre lang (1618 bis 1648) und kostete einem Drittel der europäischen Bevölkerung das Leben.

Nach diesen dramatischen Ereignissen beschlossen die katholischen Führer, ihre Kirchen neu zu organisieren und die Grundlagen ihres Glaubens gegen den Protestantismus abzugrenzen. Die bildende Kunst sollte dabei eine wichtige Rolle übernehmen. Sie sollte die Überlegenheit der katholischen Länder demonstrieren. Für die Künstler galten fortan feste Regeln:

- Die Kunst sollte christliche Themen leicht verständlich und anbetungswürdig darstellen.
- Sie sollte realistisch, genial, überraschend und effektvoll sein.
- Sie sollte propagandistische Kraft entwickeln und die Macht der Kirche überwältigend aufzeigen.

Eine zweite Variante des Barocks entwickelte sich in Frankreich. Nach den politischen Chaoszeiten übergaben die Franzosen die Macht ganz ihrem König. Der Absolutismus entstand, dessen größtes Symbol der Sonnenkönig Ludwig XIV. war. „Der Staat bin ich!“ lautete sein Motto. Entsprechend prachtvoll und luxuriös verlief das Leben am Hofe. Macht und Reichtum sollten für jedermann sichtbar sein. Dazu gehörten nicht nur Lustschlösschen, kunstvolle Gartenanlagen und fantasievolle Wasserspiele, sondern auch die Hofkünstler, die der Unterhaltung und der Schaffung adäquater Kunstwerke dienten.

Die dritte Variante entstand in den protestantischen Ländern, speziell in Holland. Dort war die prunkvolle Ausstattung der Kirchen aus religiösen Gründen nicht erwünscht. So traten als Auftraggeber für Kunstwerke die reich gewordenen Bürger in den Vordergrund, die vor allen Dingen kleinere Kunstwerke kauften, mit denen sie ihre Wohnungen schmücken konnten. Diese Form nennt man heute den **bürgerlichen Barock**. Die italienische und französische Form nennt man den **höfischen Barock**. Rausch, Überschwang, Bewegung und inszenierte Pracht erfüllten diese Zeit. Der höfische Barock sollte klarstellen, wer Herr im Hause (Europas) war. Die Künstler nutzten alle technischen Mittel bis zur Perfektion aus.

Die Kunst

Um die typischen Neuerungen der sakralen **Architektur** zu beschreiben, gehen wir nach Italien. Im Rom des 17. Jahrhunderts waren die Päpste die großen, reichen Auftraggeber. Ihre neu erstarkte Macht zeigten sie durch die Errichtung von Monumentalbauten. Das vielleicht bekannteste Beispiel hierfür ist der Petersdom in Rom. Während die Kirchen der Renaissance klassische Ruhe ausstrahlten, so drückten die des Barocks Dynamik und Bewegung aus. Außen und innen wurden viele kontrastreiche Formen verwendet, um Schwung und Fülle auszudrücken. Die drei Bereiche Architektur, Plastik und Malerei verschmolzen zu einem Gesamtkunstwerk unter der Herrschaft der Architektur. Der überwältigende Eindruck sollte die Gläubigen mit Ehrfurcht erfüllen.

Die Fassaden mit ihren zahlreichen Schmuckformen ließen die Ordnung des Innenraumes nicht mehr klar erkennen. Die Kirchengrundrisse waren sehr kompliziert. Sie basierten zum Teil auf Ovalen, sodass gebogene Wände entstanden, die ein Gefühl von Bewegung erzeugten.

Durch die Verwendung von üppiger Dekoration, Plastiken, Malerei und gemalter Scheinarchitektur wirkte die Baumasse nicht mehr wie Stein, sondern wie eine modellierbare Masse. Die statische Funktion der Gebäude, der tragenden und nicht tragenden Bauteile, wurde so verborgen. Innen war der raffinierte Umgang mit Licht und Schatten sehr beliebt. Fast wie im Theater wurden einzelne Bauteile oder Kunstwerke durch Licht aus speziellen Fenstern in Szene gesetzt. All dies diente dem Zweck, die Kirchenbesucher in einen Zustand der Faszination zu versetzen und die Überlegenheit der katholischen Kirche zu beweisen.

Die führende Rolle beim Bau von Profanbauten übernahm Frankreich. Das typischste Beispiel dieser Zeit war das märchenhafte Schloss des Sonnenkönigs in Versailles. Es wurde Vorbild für viele Schlösser in ganz Europa. Wie die Kirchen sollte es absolute Macht demonstrieren. Hier: die Macht des gottähnlichen Herrschers. Die Form des Schlosses war symmetrisch. In der Mitte befand sich der Hauptteil. Rechts und links gab es zwei Seitentrakte, sodass dazwischen zur Stadt hin ein Hof entstand, der mit einem großen Gitter abgeteilt wurde. Die Schauseite wandte sich dem Garten zu, sie war nur für den riesigen Hofstaat bestimmt. Die gesamte Umgebung war auf das Schloss ausgerichtet, insbesondere der überdimensionale Park, der wie ein Bauwerk geometrisch angelegt war. Im Innern des Schlosses führten reich geschmückte, ineinander übergehende Salons die Besucher zu immer neuen Raumerlebnissen. Spiegel an Wänden und Decken und illusionistische Wandmalereien riefen einen Eindruck von Weite und Tiefe hervor. Beim Gehen durch die Räume sollten Größe und Herrlichkeit des Königs erfahrbar werden.

Der bekannteste Bildhauer des Barocks war der Italiener **Lorenzo Bernini**. Er schuf mit seinen Marmorskulpturen alles, was die Menschen seiner Zeit begehrten. Seine **Plastiken** sind auf dramatische Bewegungen hin ausgelegt. Starke Gefühle, wie Liebe oder fromme Verzückung, konnte er in Marmor so ausdrücken, dass die natürliche Schwere des Materials ganz verschwunden schien und die Figuren lebendig wirkten. Er fing den dramatischen, flüchtigen Moment einer Szene ein und hielt ihn fest. Die barocken Skulpturen konnten Teil der Architektur sein, in Nischen stehen oder auf dem Dach eines Gebäudes aufgestellt werden.

Eine wichtige Funktion war der Schmuck der barocken Gärten und Parkanlagen. Dies geschah mit frei stehenden Plastiken an den Wegen oder als Teil einer Brunnenanlage.

Die vielen kleinen plastischen Arbeiten, die zum Schmuck der Kirchen und Schlösser an den Wänden und Decken angebracht wurden, waren so gearbeitet, dass sie nur von Weitem wirkten. Sie waren aus Holz oder Gips, oft vergoldet und nur als ein Teil des Gesamtkunstwerkes zu verstehen.

Die **Bilder** jener Zeit können in zwei Gruppen eingeteilt werden: die Dekorationsmalerei und die Tafelbilder. Mit der ersten Gruppe bezeichnen wir vor allem riesige Deckengemälde in Kirchen und gelegentlich in Schlössern. Die Maler entwarfen Darstellungen des Himmels, als ob die Decke sich geöffnet hätte und die Gebäude bis in himmlische Bereiche hineinwüchsen. Dazu verlängerten sie z. B. mit einer gemalten Scheinarchitektur die tatsächlichen Säulen nach oben.

Im unendlichen Raum dazwischen saßen, standen oder flogen Heilige, Engel oder andere Figuren der christlichen Lehre. Alle in starker perspektivischer Verkürzung – als ob man sie von unten sehen würde. Die starke Emotionalität und Bewegung waren trotz aller Unterschiede auch in der Tafelmalerei vorhanden.

Die dritte Entwicklung war der bewusste Umgang mit Licht und Schatten. So entstand eine starke Hell-Dunkelmalerei. Stellvertretend für die Malerei auf Leinwand möchte ich drei Künstler vorstellen.

Der typischste italienische Barockmaler war **Caravaggio**. Er nahm für seine religiösen Bilder einfache Modelle aus dem Volk. Er inszenierte sie in realistischen Umgebungen, oft in dramatischen Positionen. Er zeigte die spannungsvollsten Momente einer Geschichte und ließ die Figuren nahe an den Betrachter heranrücken, sodass man fast das Gefühl hatte, dabei zu sein. Sie kamen aus dunklen Bildhintergründen hervor, in denen die wichtigsten Bildteile wie mit Scheinwerfern beleuchtet waren. Dadurch entstand sehr viel plastische Wirkung.

Der im ebenfalls katholischen Flandern geborene Maler **Peter Paul Rubens** schuf für seine kirchlichen und fürstlichen Auftraggeber zum Teil riesige Repräsentationsbilder. Er inszenierte eine Überfülle von bewegten, ineinander verschlungenen, oft nackten menschlichen Körpern, oft mit schwierigsten perspektivischen Verkürzungen. Hier waren Bewegung, Dramatik und Masse kaum noch zu übertreffen.

Ganz anders stellte sich die Malerei des bürgerlichen Barocks in Holland dar. Hier waren die reichen Bürger die Auftraggeber für kleine Bilder, mit denen sie ihre Stuben schmücken konnten. Der berühmteste Maler dieser Region hieß **Rembrandt van Rijn**, ein Meister der Hell-Dunkelmalerei. Auch er schuf seine Menschendarstellungen mit starken Beleuchtungseffekten, jedoch zum Teil mit ganz anderen Motiven. Neben religiösen Geschichten kamen neue Themen hinzu: das reine Landschaftsbild, das Stillleben, das Einzelportrait und Gruppenbild, Alltagsszenen aus dem Volk sowie Darstellungen aus dem Inneren der Bürgerhäuser mit privater Atmosphäre.

Hier entwickelte sich zum ersten Mal so etwas wie ein freier Kunstmarkt. Die Künstler waren nicht mehr Kirchen- oder Hofmaler, sondern Selbständige, bei denen die interessierten Käufer sich Bilder aus dem Vorrat aussuchten. Langsam begann der Übergang in die moderne Kunstproduktion.

Barock — Praxis

Architektur: Theaterbühne

Technik: Modellbau
Material: 1 großer Karton (Umzugskarton), Entwurfspapier, große weiße dünne Pappbögen (DIN A2), Zeichenblöcke, Bleistift, Radiergummi, Cuttermesser, Schere, Flüssigkleber, Wasserfarben, evtl. Temperafarben, verschiedene Pinsel, schwarzer Filzstift, Goldpapier, Silberpapier, Abtönfarben
Methode: Gruppenarbeit (4–5 Personen)

Aufgabe:
Das Theater spielte in der barocken Kultur eine große Rolle. Alles wurde in Szene gesetzt. Die Künste ebenso wie das ganze höfische Leben. Die reichen Adligen feierten gerne und wollten unterhalten werden. Deshalb steckte man viel Geld und technisches Können in die Entwicklung von schönen, herrschaftlichen Theaterräumen. Die Guckkastenbühne wurde mit Bühnentechnik, Beleuchtung und großen bemalten Vorhängen weiter entwickelt. Die Zuschauer blickten in einen magischen

Raum, wo sich das Spiel entwickelte. Um die einzelnen Szenen mit unterschiedlichen Spielorten gut darstellen zu können, bauten Künstler verschiedene Bühnenbilder zum Wechseln.

Baut das Modell einer Theaterbühne.

Welches Thema hat unser Stück und wo spielt es? Wir nehmen etwas, was im Barock sehr wichtig war: das königliche Schloss. Entwickelt ein Bühnenbild mit einem Schloss im Hintergrund. Ringsum Landschaft, im Vordergrund der Schlossplatz, auf dem Adelige lustwandeln.

a) Entscheidet, wie euer Schloss, die Landschaft und der Schlossplatz gestaltet werden sollen. Welche Personen sind zu sehen? Verteilt die Arbeiten und fertigt kleine Entwürfe an. Derjenige, der die Gegenstände und Lebewesen für den Schlossplatz auf die dünne Pappe zeichnet, sollte darauf achten, dass sie nicht zu klein geraten. Sie werden ja später im Vordergrund aufgeklebt. Wichtig: Lasst dafür unten ein Stück der weißen Pappe stehen. Das ist der Steg, der nach hinten umgeknickt und von unten mit Kleber bestrichen wird.

b) Der große Karton soll mit bemalten Pappen von innen beklebt werden. Ein Schüler entwirft mit Bleistift das Schloss für die Rückwand des Kartons. Ein anderer zeichnet die Landschaft für die rechte Kartonseite. Ein Dritter macht das gleiche für die linke Seite. Der Nächste entwirft die Wege und die Bepflanzung für den Vorplatz, der sich am Boden des Kartons befinden wird. Der Letzte entwirft die Gegenstände, Pflanzen und Lebewesen, die sich auf dem Platz befinden. Wenn die Entwürfe fertig sind, schaut ihr, ob alles gut zusammenpasst, oder ob noch etwas geändert werden muss.

c) Wenn der Karton einen Klappdeckel hat, wird dieser mit einem Cuttermesser vorsichtig abgeschnitten. Stellt den Karton so hin, dass er breiter als höher ist. Das ist unsere Guckkastenbühne, in die man hineinschaut.

d) Nehmt die Maße vom Boden ab und übertragt sie auf eine große, weiße, dünne Pappe. Schneidet das Stück aus und legt es in den Karton unten auf den Boden. Wenn die Pappe passt, nehmt ihr sie wieder heraus. Der Erste kann damit beginnen, seinen Entwurf in Großformat zu übertragen. Dann den Hintergrund und beide Seitenteile des Kartons ausmessen, die Maße wieder auf die Pappen auftragen und ausschneiden. Überprüft wieder, ob alles passt. Vorzeichnungen mit Bleistift vergrößert übertragen.

e) Malt mit Wasserfarbkasten und verschiedenen Pinseln eure Teile farbig an. Sprecht euch vorher über die Wahl der Farben ab. Die Himmelsfarbe im Hintergrund und die an den Seitenteilen sollten z. B. das gleiche Blau sein.

f) Wenn die Bilder getrocknet sind: alles mit schwarzen Filzstiften wie in einem Comic umranden. Mit Gold- und Silberpapier zusätzliche Verzierungen für das Schloss ausschneiden und aufkleben.

g) Alle fertigen Bildteile an der jeweiligen Stelle im Karton festkleben. Das Stück oberhalb des Bodens sieht man nicht. Ihr könnt es weglassen oder himmelblau anmalen. Klebt die adeligen Personen, die Tiere und die Pflanzen an den passenden Stellen fest. Baut noch einen goldenen Brunnen oder etwas Ähnliches, wenn ihr mögt. Dann ist euer Bühnenmodell von innen fertig.

h) Zum Schluss die sichtbaren Teile des Kartons von außen mit Abtönfarbe bemalten. Wenn sie trocken ist, malt noch einige schöne barocke Verzierungen darauf.

Plastik: Erzschurke

Technik: Fotografie und Zeichnung
Material: Fotoapparat, Fotokopierer, Schere, Klebstoff, Bleistift, schwarzer Filzstift oder Kugelschreiber, weißer Lackstift oder Tipp-Ex, Pappröhre, Bierdeckel
Methode: Einzelarbeit

Aufgabe:
Die Bildhauer im Barock waren technische Meister. Sie konnten harten Marmor in „Butter" verwandeln. Sie arbeiteten detailreich. Ihre menschlichen Figuren drückten starke Gefühle aus. Das konnte religiöse Ergriffenheit aber auch Liebe sein. Es war eine dramatische Kunst.

Für die praktische Aufgabe bietet sich ein spezieller Künstler aus dieser Zeit an: Franz Xaver Messerschmidt. Seine Darstellungen waren extrem. So schuf er eine Reihe von Köpfen mit besonders ausgefallenen Gesichtsausdrücken. Eigentlich sind es Büsten, die Fratzen zur Kunst erheben. Sie heißen beispielsweise: „Der Gehängte" oder „Der Erzschurke". Solch einen Schurken oder Verrückten wollen wir darstellen.

Stelle eine Fotoüberzeichnung von einem Erzschurken her.

a) Ihr braucht von jedem Schüler ein Foto mit einer extremen Grimasse. Was willst du ausdrücken: Wut, Angst, Wahnsinn? Starke Gefühle sind hier das Thema. Probiere es aus. Gebt euch gegenseitig Feedback, ob der gewünschte Ausdruck gelungen ist oder was man verbessern kann.

b) Dann fotografiert ihr einen nach dem anderen vor einem neutralen, hellen Hintergrund. Diese Fotos entweder mit dem Computer schwarz-weiß ausdrucken oder normal entwickeln und am Kopierer vergrößern.

c) Jeder nimmt sein Bild und schneidet den Kopf mit dem Hals und dem Brustansatz aus. Klebe ihn dann in die Mitte eines weißen DIN-A4-Blattes.

d) Beim Zeichnen gibt es zwei Varianten. 1. Einen weichen Bleistift nehmen und einen Sockel und ein Stück Säule unter den Kopf zeichnen. So hast du eine Büste entworfen. Zeichne die Übergänge des Fotos so genau wie möglich weiter. Sie sollten weich und fließend sein. Bringe etwas Licht und Schatten hinein. Dann kannst du Einzelheiten im Gesicht überzeichnend noch betonen.

e) Variante 2: Einzelne Dinge noch mehr übertreiben. Wieder die Büste mit Bleistift vorzeichnen. Kräftige, dunkle Stifte zum Überarbeiten nehmen, einen schwarzen Fineliner, einen Filzstift, einen Edding oder einen schwarzer Kuli. Oder weiße Lackstifte oder Tipp-Ex benutzen, um helle Akzente auf dunkle Flächen zu setzen. Diesmal wird man deine Zeichenspuren deutlicher sehen. Du kannst deine Frisur verändern, einen Hut aufsetzen, etc. Die erste Variante wirkt natürlicher, diese ist expressiver. D. h., der Ausdruck, den du haben wolltest, wird noch mal übertrieben.

f) Wenn du dein Bild etwas plastischer wirken lassen willst, schneide es aus, nimm eine dünne Papprröhre (z. B. von Küchenpapier) und klebe das Bild halb um die Röhre herum. Schneide diese unten mehrfach 1 cm tief ein und biege die entstandenen Klebelaschen nach außen. Klebe die Röhre damit auf einem Bierdeckel fest und stecke etwa Schweres hinein – dann steht sie besser.

Bild: Gruppenbild

Technik: Fotografie und Zeichnung
Material: Fotoapparat, Fotokopierer, Schere, Klebstoff, Bleistift, schwarzer Filzstift oder Kugelschreiber, weißer Lackstift oder Tipp-Ex, evtl. Buntstifte
Methode: Gruppenarbeit (mindestens 3 Personen) und Einzelarbeit

Aufgabe:
Im holländischen Barock waren die wichtigsten Auftraggeber für Gemälde reiche Bürger. Bei ihnen war das Genre des Gruppenbildes äußerst beliebt. Die Auftraggeber, Mitglieder einer gesellschaftlich relevanten Gruppe legten ihr Geld zusammen und ließen sich gemeinsam portraitieren. Wer mehr bezahlte, bekam einen besseren Platz auf dem Bild. Eines der berühmtesten Bilder dieser Art ist die „Nachtwache“ von Rembrandt van Rijn. Er löste damit einen Skandal aus, weil er die Spielregeln des Geldes und der Eitelkeiten nicht beachtete. Statt einer langweiligen Aufstellung der Mitglieder der Stadtwache wählte er eine lebendige, dramatische Aufbruchssituation. Heute gilt das Bild als Meisterwerk, damals wurde es von den Auftraggebern und dem Publikum enttäuscht abgelehnt.

Entwickelt ein Gruppenbild.

a) Eure Gruppe muss aus mindestens drei Mitgliedern bestehen, nach oben ist die Anzahl offen. Sucht euch ein Thema aus. Welche Gruppe wollt ihr darstellen? Ist es beispielsweise eine Familie? Wenn ja, was für eine? Früher ließen sich nur hochgestellte Personen portraitieren. Heute, in der Welt der Fotografie, ist das anders. Eine moderne Familie müsste nicht unbedingt reich sein. Ihr könnt euch auch hinter den Zaun am Sportplatz stellen und eine „Gangstergang“ darstellen. Vielleicht seid ihr auch ein erfolgreiches Sportlerteam oder die Kleopatra mit ihren Dienerinnen.

b) Überlegt euch einen Ort, an dem ihr eure Gruppe gut in Szene setzen könnt. Informiert euren Lehrer, wo das sein wird!

c) Habt ihr Kostüme? Dann passen sie vielleicht ins Bild. Aber es reicht auch eure normale Schulkleidung.

d) Macht Probeaufnahmen mit einer Kamera. Überlegt, wie ihr stehen oder sitzen wollt. Je nachdem, wen ihr darstellt, ist das sehr unterschiedlich. Welches Gefühl drückt euer Gesicht aus? Was sagen eure Hände und eure Körperhaltung?

e) Druckt die Fotos schwarz-weiß aus oder lasst sie normal entwickeln und vergrößert sie mit dem Kopierer. Jedes Mitglied der Gruppe soll eine Kopie bekommen.

f) Jetzt beginnt ihr, einzeln zu arbeiten. Jeder überzeichnet die Kopie auf seine Weise mit schwarzen und weißen Stiften. Behalte dabei die grundsätzliche Bildaussage, die ihr zu Anfang besprochen habt, immer im Kopf. Diese Aussage betone beim Zeichnen. Du kannst Hüte oder Bärte hinzufügen oder die Frisuren verändern. Die Kleidung kann verwandelt oder verziert werden. Fehlende historische Kostüme werden über die Alltagskleidung gezeichnet. Auch der Hintergrund lässt sich auf diese Weise leicht verändern. Wenn du deine Schwarz-Weiß-Version zusätzlich farbig gestalten willst, fertigst du noch einmal eine Kopie an. Die hellen Stellen werden dann mit Buntstiften farbig gestaltet.

Zeittafel

ca. 1730 n. Chr. bis ca. 1770 n. Chr.

Die Kultur

Das Rokoko entstand aus dem Spätbarock und war seine leichtere, elegante Weiterentwicklung. Der Begriff ist vom französischen Wort „Rocaille“ abgeleitet worden, was Muschelwerk bedeutet. Die natürlich gewachsenen Formen von Muscheln inspirierten die Künstler jener Zeit, unsymmetrische, verspielte Formen für ihre Arbeiten zu nutzen. Die Kultur entwickelte sich von der dynamischen Pracht hin zu Leichtigkeit und Grazie. Nach dem Tod des Sonnenkönigs war bei den Auftraggebern nicht mehr der Ausdruck von Macht und Größe gefragt, sondern Anmut und Schönheit. Das spiegelte sich auch in der Mode. Die Damen trugen Schnürmieder und Reifröcke in nie gesehenen Dimensionen, über die ihre Roben aus Seidenbrokat oder Damast fielen. Alles war verziert mit Klöppelspitze, Rüschen und Schleifen. Die Herren trugen Kniebundhose, Weste und engen Rock, d. h. eine Art Kurzmantel, ebenfalls aus kostbaren Stoffen. Dazu gern auch Perücken.

Die Kunst

Die **Architektur** verlor ihre Schwere. Die üppige Dekorationskunst der Innenbereiche, die Kleinkunst und die Möbel orientierten sich an Formen aus der Natur. Die Räume der Schlösser waren voller Spiegel. Alles wurde heller und heiterer. Hier bewegten sich Menschen, deren höfisches Leben wir heute als geziert oder überdreht bezeichnen würden. Für die Adligen und Großbürger bestand das Dasein im Diesseits vor allem aus Unterhaltung und Spiel, Tanz und Erotik. Das Leben war ein Fest.

Die **Plastiken** wurden viel kleiner, bestanden oft aus Porzellan, das ganz neu nach Europa gekommen war. Die Figuren wurden feiner und zierlicher und manchmal in abenteuerlichen Posen dargestellt. Sie waren Teil des Schmuckes der Innenräume. Der ganze Bereich der Kleinkunst, mit kostbaren Gebrauchsgegenständen aus Gold und Silber, entwickelte sich stark, um die Häuser und Paläste der Reichen zu schmücken und ihren Lebensstil angemessen zu repräsentieren.

Französische Maler, wie **Francois Boucher** und **Jean-Honoré Fragonard** stellten in ihren **Bildern** erfundene Idyllen des höfischen Lebens dar: Gemeinsames Schaukeln, Schäferstündchen und auch Aktdarstellungen erfreuten sich höchster Beliebtheit. Die Maler produzierten weiterhin Deckengemälde, die sich nach oben öffneten, mit unterschiedlichen Motiven für Kirchen oder Lustschlösschen.

Rokoko **Praxis**

Plastik: Barbie

Technik: Plastische Textilgestaltung
Material: Alte Barbiepuppe, Kaninchendraht, dünner Draht, Stoffreste, Schere, Drahtschere, Nähmaterial, Dekomaterial, Heißkleber, Kleister, Acrylfarben, Pinsel
Methode: Gruppenarbeit (2–3 Personen) oder Einzelarbeit

Aufgabe:
Das Rokoko war eine Zeit der modischen Extreme. Nie wieder trugen adelige Frauen größere und breitere Kleider als damals. Ihre Reifröcke passten kaum, manchmal nur quer durch die Türen. Eines schafften sie damit auf jeden Fall: die Aufmerksamkeit der Männer zu erringen. Das war schon immer auch Barbies Traum. Eure Aufgabe:

Macht aus Barbie eine Rokoko-Plastik.

a) Bringt so viele Barbiepuppen mit wie ihr habt und verteilt sie unter euch.

b) Es gibt zwei Variationen. Die erste ist eine klassische Textilgestaltungsaufgabe, bei der die Puppe durch Nähen und Verzierungen wirklich schön und nach Art der Zeit gestaltet wird. Bei der verrückteren Variante könnt ihr durch Kleben und andere Techniken, bei denen man nicht nähen können muss, ein Puppenobjekt erschaffen. Das hat dann nicht mehr viel mit den historischen Vorbildern zu tun.

c) Stellt zunächst eine Art Halbkugel für den riesigen Rock her. Nehmt dazu am besten Kaninchendraht, den ihr mit einer Drahtschere so von der Rolle schneidet, dass ihr daraus eine Halbkugel herstellen könnt. An einer Stelle die hervorstehenden Drahtenden so miteinander verbinden, dass daraus ein Stück entsteht. Oben in der Mitte Platz lassen für den Puppenkörper. Dieser wird dort hindurchgesteckt, sodass die Füße gerade den Boden berühren und die Halbkugel mit der Hüfte abschließt.

d) Wer nähen kann, entwirft jetzt ein passendes Kleid, das den sehr schmalen Oberkörper und den ausladenden Rockteil gut umschließt. Wenn dies fertig ist, könnt ihr euch jede erdenkliche Form von Dekoration ausdenken und gestalten. Das können Rüschen, Schleifen oder Blumen etc. sein. Diese werden am Kleid befestigt.

e) Jetzt lasst euch noch etwas für den Kopfschmuck einfallen. Im Spätrokoko trugen die Damen Perücken mit mächtigen Hochfrisuren. Ihr könnt z. B. die langen Barbiehaare zu einer festen Frisur hochbinden und diese dann noch verzieren. Der ganze Kopf kann ein Kunstwerk werden. Wer diese traditionelle Variante schön findet und nicht nähen kann, kann mit einem Heißkleber arbeiten.

f) Bei der freieren Version könnt ihr das Drahtgestell mit Stoffen oder farbigen Papieren bekleben, den Oberkörper mit Fäden umwickeln oder ihn ganz bemalen, je nach Geschmack. Auch hier geht jede Form der Dekoration. Die einzige verbindende Regel ist: Das Ergebnis sollte imposant und beeindruckend sein. Jede dieser Puppen soll ein „Hingucker“ werden.

Bild: Flirtfächer

Technik: Collage und Malerei
Material: Großer Bogen weißer Pappe, Bleistift, Schere, (Mode)Zeitschriften, Klebstoff, Acrylfarben, Pinsel, Dekomaterial, Heißkleber, Silber- und Goldpapier
Methode: Partnerarbeit

Aufgabe:
Was machte man, wenn man als Adliger am Hofe lebte, nicht arbeiten musste und viel Freizeit hatte? Man konnte wählen zwischen Langeweile oder Vergnügen. Also spielte das Flirten und alles was damit verbunden war, eine große Rolle. Die Maler setzten neckische Liebesspiele in Szene und die Adligen schmückten ihre Räume damit. Die Damen hatten ihre Fächer, um damit Signale zu senden. Ein wahrer Geheimcode mit Botschaften wie: „Warten Sie auf mich“ (Fächer weit öffnen) oder „Wir werden beobachtet“ (Fächer über die Stirn ziehen) oder auch „Ich liebe Sie“ (Fächer über die Wange ziehen). Natürlich kann man auch einfach verführerisch über den Rand des Fächers blicken und sich im Zweifel sogar dahinter verstecken. Oder seinen ganz eigenen Geheimcode erfinden. Von all diesen Möglichkeiten ist unsere Aufgabe inspiriert.

Entwirf einen Flirtfächer.

a) Ihr arbeitet paarweise. Die Technik ist eine Mischung aus Collage und Malerei, daher braucht ihr eine Menge Zeitschriften mit vielen Fotos. Modezeitschriften oder Sporthefte sind gut. Die Mädchen sammeln attraktive Frauendarstellungen und die Jungen besonders gelungene Männerbilder. Unterhaltet euch beim Aussuchen, was ihr besonders attraktiv findet und warum. Sucht danach die Fotos aus.

b) Jedes Paar bekommt eine große weiße Pappe. Zeichnet mit Bleistift eine möglichst große Fächerform auf und schneidet sie dann aus. Jetzt könnt ihr mit der Bildkomposition beginnen. Legt die wichtigsten Fotos in die Mitte und drapiert die anderen drumherum. Man soll sie später möglichst gut von Weitem erkennen können. Schneidet die Bilder sauber aus und klebt sie auf.

c) Verbindet die Fotos mit Farbfeldern. Wählt passende Farben aus, die eure Flirtbotschaft unterstreichen. Auch Silber- und Goldpapier könnt ihr dafür verwenden. Am Ende soll der ganze Fächer möglichst wie aus einem Guss erscheinen.

d) Plastische Dekomaterialien, wie Plastiksteinchen, Schleifen oder ähnliches verzieren den Fächer zusätzlich. Die Wirkung darf gerne kräftig und auffällig sein. Die Adligen im Rokoko waren nicht bescheiden!

Zeittafel

ca. 1770 n. Chr. bis ca. 1840 n. Chr.

Die Kultur

Nach den Schnörkeln und Verzierungen des Rokoko kehrten im späten 18. Jahrhundert die klaren Formen und geraden Linien zurück: der Klassizismus. Wie der Name schon sagt, orientiert er sich wieder an klassischen Vorbildern und entstand zu einer Zeit, in der Spaß und Spiele nicht mehr im Vordergrund standen. Im Jahre 1789 kam es nämlich in Frankreich zu einem politischen Ereignis, das die Welt veränderte: Die Französische Revolution brach aus. Nichts blieb wie es war. Die königliche Familie wurde ermordet, die barocke Staatsform des Absolutismus ging unter. Eine Republik entstand und mit ihr ein neues starkes Bürgertum. Die Ideen der Aufklärung bestimmten das Denken, die beginnende Industrialisierung schuf ganz neue Arbeits- und Wirtschaftsweisen.

Französische Philosophen hatten schon zuvor die absolutistische Staatsform kritisiert. Sie forderten eine Einschränkung der Macht des Königs und Freiheitsrechte für die Bürger. Die christlich-mittelalterliche Lebenshaltung sollte überwunden werden. Ein aufgeklärter Mensch hörte nicht mehr ausschließlich auf die Autoritäten von Kirche und Staat. Er sollte seinen Verstand selbst nutzen und sein Leben bestimmen. Dieser Prozess wurde von wissenschaftlichem und technischem Fortschritt begleitet.

Die bürgerlichen Kunstförderer entwickelten neue Möglichkeiten für Künstler, ihre Werke zu zeigen und zu vermarkten. Museen und öffentliche Ausstellungen wurden dafür eröffnet. Natürlich erwarteten sie dafür, dass die neue Kunst ihr Denken und Fühlen, ihre Ideale ausdrücken sollte. Der Kunst lag jetzt ein hohes Bildungsideal zugrunde. Man glaubte, dass die Gesellschaft durch das Studium klassischer Vorbilder und durch deren Nachahmung verbessert werden könnte. Die künstlerischen Ideale von Ordnung und harmonischen Maßen wurden mit moralischen Werten wie Bürgerrechten und Bürgerpflichten, Treue und Heldenmut verknüpft. Die Bauformen und auch die inhaltliche Themenauswahl bei den Skulpturen und Bildern musste diesen Idealen entsprechen. Dabei schätzten sowohl die Zeitgenossen der Französischen Revolution als auch die der Restauration unter Kaiser Napoleon I. die Formen der klassizistischen Kunst. An machtvoller Staatskunst waren alle interessiert. Künstlerisch ging das Maß der Verherrlichung antiker Werte so weit, dass fast kopierte Formen entstanden, anders als in der Renaissance, deren Kunstwerke eigenständiger waren.

In England entwickelte sich die industrielle Revolution. Dieser Beginn des Maschinenzeitalters veränderte die gesamte Arbeitswelt Europas. Aus Handwerkern wurden Fabrikarbeiter. Die Fabrikbesitzer wurden reich und mächtig. Die daraus entstehenden politischen, wirtschaftlichen und sozialen Spannungen wirkten langfristig auf die Kunst des gesamten neuen Jahrhunderts ein. Christliche Themen traten weiter in den Hintergrund.

Die Kunst

Das Pendel des Zeitgeistes schlug wieder zurück. Während man einerseits noch schwingende, verschnörkelte Rokokofassaden baute, begeisterten sich die ersten Künstler für die Geradlinigkeit und Strenge der klassischen antiken **Architektur**. In Rom gruben Archäologen antike Gebäude aus, um die Formen und Proportionen der originalen Gebäude studieren zu können.

Klassizismus – Ideale und Regeln

Was bauten die Architekten des Klassizismus?

Es waren Paläste, Parlamentsgebäude, Rathäuser, Kirchen und Triumphbögen, wie z. B. in Paris, Berlin und München. Die Vorbilder waren oft römische Tempel, welche wiederum auf griechische Vorbilder zurückgingen.

Wie wurde gebaut?

Die Vorderseite klassizistischer Architektur sah häufig wie die Front eines antiken Tempels aus. Man baute ein Giebeldreieck mit Figurenreliefs, welche von Säulen getragen wurden. Die eigentlichen Baukörper waren eher blockhaft und einfach gehalten. Hier verwendeten die Architekten schlichte, große, eindrucksvolle Grundformen. Bevorzugtes Baumaterial war der helle Marmor. Die gesamte Gliederung der Bauteile war übersichtlich und eindrucksvoll. Wenig Schmuck und eine Vorliebe zur Symmetrie sollten einen Eindruck von Ausgewogenheit und übermenschlicher Größe erzeugen. Manchmal ging dabei die Balance der Antike verloren. Als wichtigster Aspekt galt, dass ein Gebäude imponieren konnte. Ob es benutzbar war? Zweitrangig!

Warum wurde so gebaut?

Die römischen Herrscher hatten ihre Bauwerke schon als Machtdemonstration einer überlegenen Kultur gebaut. Die klassizistischen Bauten sollten mindestens ebenso machtvoll sein, denn die Menschen hatten ein großes Repräsentationsbedürfnis. Napoleon ist ein gutes Beispiel. Er benutzte die Kunst zur Verkörperung seines eigenen Herrschaftsanspruchs. Seine Ideale von Ordnung, Sicherheit und nationaler Größe sollten in Stein gebaut werden. Viele dieser Gebäude werden auch heute noch von den Vertretern des Staates genutzt.

Der Stil der **Plastiken** orientierte sich ebenfalls an den antiken Vorbildern. Die Menschendarstellungen wurden in weißem Marmor gearbeitet. Sie waren oft nackt oder in antiken Gewändern dargestellt und sehr natürlich ausgearbeitet. Sie sollten die Einfachheit und Größe ihrer Vorbilder erreichen. Wenn die Betrachter die Skulpturen wirklich verstehen wollten, mussten sie sich mit den antiken Mythologien auskennen. Oft stellten die Künstler bestimmte Geschichten dar, die eine Lehre enthielten. So konnten auch mit der Bildhauerei Ideen und Inhalte der Revolution und später Napoleons Ideale ausgedrückt werden. Ein gutes Beispiel ist die Darstellung von Napoleons Schwester durch den italienischen Bildhauer **Antonio Canova**. Hier geht es zwar nicht um eine Geschichte, aber – ähnlich wie bei den Römern – um ein ideales Bild von den Machthabern für das Volk. Deshalb sieht man sie in makelloser Schönheit und Nacktheit auf einem römischen Prunkbett. Die Körperhaltung, der Faltenwurf und ihre Frisur entsprachen dem strengen, klassischen Ideal.

Die klassizistische Art **Bilder** zu malen, verbreitete sich in vielen europäischen Ländern. Der vielleicht typischste Vertreter kam aus Frankreich und hieß **Jacques Louis David**. Auch seine Bilder hatten eine erzieherische Aufgabe. Diese kann sehr gut an seinem Bild „Der Schwur der Horatier" erklärt werden. Vier Männer in römischen Gewändern schwören, heldenhaft bis zum letzten Blutstropfen für die Rettung des Vaterlandes zu kämpfen. Sie sind unbeeindruckt von den im Hintergrund weinenden Frauen. Sie erfüllen ihre Pflicht. So sollten auch die tapferen Bürger der Revolution denken und handeln. Und natürlich auch die Soldaten in Napoleons Armee.

Der klassizistische Malstil ist realistisch, die Figuren wirken plastisch und klar umrissen. Es gibt einen eindeutigen Hintergrund. Die Unschärfe des Rokoko ist verschwunden. Alles wirkt ohne Perspektive, wie auf einer Bühne inszeniert. Die Bilder haben klare Farben. Ihre Komposition und Bedeutung sind einfach zu verstehen. Dies war für den Maler die beste Form, seine Botschaften unter das Volk zu bringen. Er wurde nicht nur sein künstlerischen Können, sondern auch für den Inhalt des Bildes gefeiert. Andere Bilder mit erzieherischen Themen hatten eine ähnliche Funktion.

Architektur: Giebeldreieck

Technik: Zeichnung
Material: Bleistift, Radiergummi etc., Filzstifte. *Zusatzmaterial:* Giebelvorlage (**CD**)
Methode: Einzelarbeit

Aufgabe:
Die Künstler des Klassizismus griffen bei ihren Gestaltungen auf die Zeit der Antike zurück. In der Architektur dienten die Marmortempel der Griechen als Vorbild für eine ideale Bauweise. Sowohl repräsentative weltliche Gebäude als auch Kirchen wurden mit Stilelementen der Tempel gebaut. Viele stehen heute in unseren großen Städten. Am meisten fällt dem Betrachter dabei die Vorderfront auf. Das ist der Eingangsbereich mit dem Giebeldreieck. Hier waren in der Antike Götter- und Heldenfiguren aus Marmor zu sehen. Die Künstler des Klassizismus machten daraus Darstellungen von Helden ihrer Zeit im alten Stil.

Setze eine Figurengruppe in ein Giebeldreieck.

a) Du kannst dafür das Arbeitsblatt aus der Bauanleitung für einen griechischen Tempel wiederverwenden. Du sollst jedoch die Helden deiner Kindheit oder deiner Jugendzeit dort hineinzeichnen. Wen du dafür nimmst, ist dir überlassen. Schneewittchen und die sieben Zwerge? Aliens? Wichtig ist, dass die Komposition in das Dreieck passt.

b) Die Hauptfigur kommt wahrscheinlich stehend in die Mitte während die Figuren in den Seitenteilen des Dreiecks knien, sitzen oder liegen. Aragon würde beispielsweise als König in der Mitte stehen und Gollum im spitzen Winkel herumkriechen, usw.

c) Du kannst die Zeichnung entweder ganz mit Bleistift ausführen oder farbig mit Filzstiften gestalten.

Inhalt CD

- Lehrerhinweise zu den einzelnen Projekten

- Die einzelnen Arbeitsblätter zu den jeweiligen Epochen

- Alle Schülerarbeiten noch einmal in Farbe plus zusätzliche Fotos zu den einzelnen Themen

- Weblinks zu den besprochenen Kunstwerken

- Zusatzmaterial
  - Bastelbögen: Basilika und Gottesburg
  - Beterfigur
  - Drachenlöwe
  - Giebelvorlage
  - Kopfproportionen
  - Löwe
  - Mann und Frau
  - Skizze zu den Arbeitsschritten der Kathedrale
  - Stützpfeiler und Fenster
  - Zikkurat

Neue Unterrichtsideen für das Gymnasium!

Arwed Vogel

Erzähltechniken und Schreibmethoden 5./6. Klasse

Kreatives Training für den Deutschunterricht am Gymnasium

Ungeschultes Vorstellungsvermögen, Mängel im Ausdruck, unstrukturiertes Vorgehen: Vielen Schülern fehlen die Kernkompetenzen des Schreibens. Diese Unterrichtsmaterialien vermitteln Erzähltechniken und Schreibmethoden, die die Grundlagen für schriftliches Mitteilen und Kommunizieren darstellen. Durch die Verknüpfung mit kreativen Aufgabenstellungen lernen die Schüler gleichzeitig, Schreiben als Möglichkeit individuellen Gestaltens zu begreifen. Die abwechslungsreichen Schreibaufgaben sind flexibel und unmittelbar im Unterricht einsetzbar und passgenau auf die Anforderungen der Lehrpläne für die Klassenstufen 5 und 6 abgestimmt.
So wird strukturiertes Texteschreiben originell und lebendig vermittelt!

Buch, 95 Seiten, DIN A4
5. und 6. Klasse
ISBN 978-3-403-23230-8

Jörn Herbers

Basistraining Kondition, Kraft, Koordination

Aktivierende Übungen für den Sportunterricht am Gymnasium

Rückwärtslaufen, Vorwärtsrolle, Dauerlauf: Viele Schüler können im gymnasialen Sportunterricht der 5./6. Klasse grundlegende Bewegungsanforderungen nicht erfüllen. Diese Unterrichtsmaterialien vermitteln deshalb in spielerischer und motivierender Form die Fähigkeiten und Fertigkeiten der drei sportlichen Grundeigenschaften Koordination, Kondition und Kraft. Ob Mattenrugby, Rollbrettmarathon oder Rundenstaffel – der Band kombiniert eine Vielzahl origineller und klassischer Übungen, die differenziert aufgebaut und den drei Bereichen schwerpunktmäßig zugeordnet sind. Sie sind in allen Unterrichtsphasen einsetzbar und orientieren sich an den Lehrplanthemen der 5. und 6. Klasse.
So starten Schüler im Sportunterricht am Gymnasium durch!

Buch, 77 Seiten, DIN A4
5. und 6. Klasse
ISBN 978-3-403-23217-9

Religion kompetenzorientiert – Gymnasium

Manfred Karsch, Silvia Kunter

Gottesvorstellungen im Laufe des Lebens

Mit Martin Luther auf der Suche nach Gott

Unterrichtsbausteine zum Inhaltsfeld Entwicklung einer eigenen religiösen Identität

Die Bände der Reihe „Religion kompetenzorientiert“ stellen Materialien in Form von „didaktisch-methodischen Baukästen“ zur Verfügung, aus denen sich die Lehrer ihre Unterrichtsprojekte zusammenstellen können. Die beiden Bände zum Inhaltsfeld „Entwicklung einer eigenen religiösen Identität“ bieten jeweils 8 bzw. 7 Unterrichtsbausteine mit Angaben zu Material und Unterrichtsplanung (Einführung, Erarbeitung, Reflexion), einen didaktischen Kommentar sowie weitere Unterrichtsideen. Mithilfe einer Diagnoseaufgabe werden die unterschiedlichen Kompetenzen der Schüler, die zur Weiterarbeit nötig sind, erfasst. In 5 Lernaufgaben setzen sich die Schüler mit dem jeweiligen Thema auseinander, das zur Klärung der eigenen Gottesvorstellungen hinführt. Den Schluss bildet eine Evaluationsaufgabe.
So gelingt kompetenzorientierter Religionsunterricht am Gymnasium!

Aus dem Inhalt:

Gottesvorstellungen im Laufe des Lebens
- Gottesbilder im Gespräch
- Gottes Auge und des Menschen Herz
- David wird zum König gesalbt
- Menschenwege und Gotteserfahrungen
- Gott sieht das Herz an
- Kann Gott auch einmal wegsehen?
- Der Psalm 23

Mit Martin Luther auf der Suche nach Gott
- Lebenserfahrungen erzeugen Gottesbilder
- Gottesbilder erzeugen Lebensgefühle
- Eine Zeitreise in Martin Luthers Kindheit
- Bilder in Kirchen zur Zeit Martin Luthers
- Almosen, Pilgern, Heiligenverehrung – Wege zu Gottes offener Tür?

Gottesvorstellungen im Laufe des Lebens
Buch, 88 Seiten, DIN A4, inkl. CD
5. und 6. Klasse
ISBN 978-3-403-23224-7

Mit Martin Luther auf der Suche nach Gott
Buch, 82 Seiten, DIN A4, inkl. CD
7. bis 9. Klasse
ISBN 978-3-403-23180-6

Unser Bestellservice:

Das komplette Verlagsprogramm finden Sie in unserem Online-Shop unter

www.persen.de

Bei Fragen hilft Ihnen unser Kundenservice gerne weiter.

Deutschland: ✆ 0 41 61/7 49 60-40 · Schweiz: ✆ 052/366 53 54 · Österreich: ✆ 0 72 30/2 00 11